D1755449

Alles über den TGV

André Papazian

Alles über den TGV

André Papazian

trans press

Einbandgestaltung: Dos Luis Santos
Bildnachweis:
Die zur Illustration dieses Buches verwendeten Aufnahmen stammen – wenn nichts anderes vermerkt ist – vom Verfasser oder aus seiner Sammlung.

Der Verfasser dankt seinem langjährigen Freund Pascal Letzelter für seine wertvolle Unterstützung. Sein Dank gilt außerdem Michel Destombes, Michel Buard, Christian Deny, Camille Bruneau und Jean Tricoire, die wichtiges Bildmaterial für dieses Buch zur Verfügung gestellt haben.

Die Marken TGV, Duplex, Eurostar, Thalys und ICE sind gesetzlich geschützt.

Eine Haftung des Autors oder des Verlages und seiner Beauftragten für Personen-, Sach- und Vermögensschäden ist ausgeschlossen.

ISBN: 978-3-613-71324-6

1. Auflage 2007

Copyright © by transpress Verlag, Postfach 10 37 43, 70032 Stuttgart
Ein Unternehmen der Paul Pietsch Verlage GmbH & Co

Sie finden uns im Internet unter www.transpress.de

Der Nachdruck, auch einzelner Teile, ist verboten. Das Urheberrecht und sämtliche weiteren Rechte sind dem Verlag vorbehalten. Übersetzung, Speicherung, Vervielfältigung und Verbreitung einschließlich Übernahme auf elektronische Datenträger wie CD-ROM, Bildplatte usw. sowie Einspeicherung in elektronische Medien wie Bildschirmtext, Internet usw. sind ohne vorherige schriftliche Genehmigung des Verlages unzulässig und strafbar.

Lektorat: Dr. Harald Böttcher
Innengestaltung und Repro: Medienfabrik GmbH, 71696 Möglingen
Druck und Bindung: Kessler Druck und Medien, 86399 Bobingen
Printed in Germany

VORWORT	6
1. DER WEG ZUM TGV	7
Schneller mit Dampf und Diesel	8
Die Stromlinienzüge der PLM	9
Rekordfahrten in der Nachkriegszeit	10
Ziel: 200 km/h auf wichtigen Strecken	14
TGV-Versuchsfahrzeuge	16
2. DIE ERSTE NEUBAUSTRECKE	20
Warum eine Neubaustrecke?	20
Neubaustrecke »LN 1« sowie TGV-Test- und Rekordfahrten	21
Die Neubaustrecke wird in zwei Etappen eröffnet	24
Streckenbeschreibung	24
Verschiedene TGV-Typen auf dicht befahrener Strecke	27
25 Jahre TGV ohne nennenswerte Probleme	30
3. DER AUSBAU DES STRECKENNETZES	34
Schneller in Richtung Westen – Die zweite Neubaustrecke	34
Bau und Eröffnung der neuen Strecke	35
Weltrekordfahrten	38
Streckenbeschreibung	40
Reger Verkehr mit unterschiedlichen TGV-Typen	42
4. DIE LGV »NORD-EUROPE«	46
Mit dem Kanaltunnel verbunden	46
Die dritte Neubaustrecke	47
Eine wichtige europäische Verbindung	50
Streckenbeschreibung	55
Die Neubauverbindungsstrecke »Barreau d'interconnexion«	58
5. LYON–VALENCE UND DIE LGV »MÉDITERRANÉE«	60
LGV »Rhône-Alpes«	60
LGV »Méditerranée«	62
Operation »Sardine«	66
TGV-Typenvielfalt auf der LN 5	66
Streckenbeschreibung	68
Tunnel und Viadukte	71
6. DIE LGV »EST-EUROPEEN«	72
Der lange Weg zur LGV Est	72
Die LN 6 und die internationalen Verbindungen	74
Streckenbeschreibung	79
Verkürzte Fahrzeiten	81
Neue Weltrekordfahrt mit 574,8 km/h	82
DB AG und SNCF gründen ein Joint Venture	82
7. DAS ROLLENDE MATERIAL	84
TGV »Paris-Sud-Est«	85
TGV »Paris-Sud-Est« auf einen Blick	87
TGV »Atlantique«	90
TGV »Atlantique« auf einen Blick	90
TGV »Réseau«	91
TGV »Réseau« auf einen Blick	92
TGV »Postal«	93
TGV »Postal« auf einen Blick	93
TGV »Eurostar«	94
TGV »Eurostar« auf einen Blick	94
TGV »Thalys PBA«	96
TGV »Thalys PBA« auf einen Blick	96
TGV »Thalys PBKA«	99
TGV »Thalys PBKA auf einen Blick	99
TGV »Duplex«	100
TGV »Duplex« auf einen Blick	100
TGV »Est-Européen« (POS)	102
TGV »Est-Européen« auf einen Blick	102
8. WARTUNG UND REPARATUR DER TGV	103
Die ersten Schritte	103
Die Depots	103
Die Ausbesserungswerke	104
Hochmodernes Betriebswerk in Pantin bei Paris	105
9. NEUE SICHERUNGSTECHNIK	111
10. DIE ZUKUNFT	117
Neue Hochgeschwindigkeitsstrecken	117
Güterschnellverkehr	119
Neue Ideen sind gefragt	120
NETZPLAN	122
ZEITTAFEL	123

VORWORT

In Frankreich war das Streben nach schnellen Bahnen schon frühzeitig vorhanden. Obwohl man diesem Ziel bereits in den 1930er Jahren mit verschiedenen technischen Anpassungen und Verbesserungen nahe kam, konnte die Reisegeschwindigkeit jedoch erst Anfang der 1950er Jahre entscheidend erhöht und die Bahn somit attraktiver werden. Der Bau von Neubaustrecken stand allerdings noch nicht auf der Tagesordnung. Die knappen finanziellen Mittel wurden vielmehr vorrangig für die Elektrifizierung von diversen Hauptstrecken sowie für die Anschaffung von neuem rollendem Material eingesetzt.

Ab 1964 konnten in Japan neue Schnellzüge – die »Shinkansen« – auf einer normalspurigen Neubaustrecke zwischen Tokio und Osaka mehr als 200 km/h fahren. Damit erhielt die Aufmerksamkeit für den Bau einer Hochgeschwindigkeitsstrecke in Frankreich neue Nahrung. Besonders in Fachkreisen nahm diese Idee zusehends Gestalt an, für eine rasche Entscheidung fehlte aber noch der politische Wille. Über die Notwendigkeit einer Neubaustrecke für eine Hochgeschwindigkeitsbahn war man sich auch bei der SNCF einig, sie sollte gradlinig ohne bahntechnische Hindernisse wie Bahnschranken, enge Kurven usw. verlaufen. Obwohl als hoch interessant angesehen, stieß die Idee vorerst wegen der enormen Kosten dieses Projektes auf Ablehnung. Und als auch in Frankreich die Bahn an Boden verlor, stand sogar die Frage im Raum, ob sich eine teure Neubaustrecke überhaupt lohnen würde.

1974 endlich wurde der Bau einer neuen Strecke – von politischen Kreisen unterstützt – genehmigt. Es wurde beschlossen, diese Strecke zwischen Paris und Lyon zu bauen, weil der Verkehr zwischen beiden Städten inzwischen erheblich angewachsen und künftig sogar mit Engpässen zu rechnen war.

Als am 27. September 1981 der kommerzielle Betrieb mit den farbenfrohen TGV-Zügen (Train á Grande Vitesse) aufgenommen wurde, begann in Frankreich ein neues Verkehrszeitalter.

Der Erfolg ließ nicht lange auf sich warten. Da sich die modernen, 260 km/h schnellen Zügen einer starken Nachfrage erfreuten, konnten neue Kursläufe aufgenommen und der Betrieb erweitert werden. Die eleganten Triebzüge entwickelten sich somit bald zu den Paradezügen der SNCF. Der TGV-Schnellfahrbetrieb ließ sogar eine neue Art von Pendlern entstehen, und – dank der verkürzten Fahrzeiten – veränderte sich auch die »Geografie der Menschen« in Frankreich.

Mehr als 1,2 Milliarden Reisende sind in den vergangenen 25 Jahren mit TGV-Triebzügen befördert worden. Dieses positive Ergebnis hat der Bahn einen sichtlichen Aufschwung gebracht. Auf mehreren Strecken haben die TGV-Züge den Inlandflugverkehr in puncto Passagierzahlen sogar überholt. Der TGV hat die Bahn wieder konkurrenzfähig gemacht. Heute fahren die Züge mit maximal 320 km/h, und es ist zu erwarten, dass die Geschwindigkeit bald auf 360 km/h erhöht wird.

Die Inbetriebnahme des TGV »Est-Européen« im Juni 2007 war ein wichtiger Meilenstein für ein europäisches Hochgeschwindigkeitsnetz. Und die Weltrekordfahrt im April 2007 mit einer Geschwindigkeit von 574,8 km/h hat ebenfalls deutlich gemacht, dass die Bahn ein starkes Verkehrsunternehmen mit Zukunft ist.

André Papazian, im Juli 2007
St. Germain des Grois (Normandie)

1. DER WEG ZUM TGV

Schon die damaligen Privatbahnen in Frankreich – die SNCF wurde erst in Januar 1938 gegründet – waren von einer notwendigen Erhöhung der Geschwindigkeit auf ihren Stecken überzeugt. Dementsprechend strebten sie vor allem die Weiterentwicklung und Verbesserung des rollenden Materials an, um die Züge schneller zu fahren. Die Verbesserungen konzentrierten sich zuerst auf die Dampftraktion, aber man begann auch schon, einige Schnellzüge mit Diesellokomotiven zu bespannen.

▲ Eine Dampflokomotive der Baureihe 231 E bespannt einen Schnellzug mit blauen ISG Speise- und Schlafwagen nach Paris. Das Foto wurde bei Chantilly auf der Hauptstrecke Lille–Paris im Juli 1957 aufgenommen. Diese Baureihe wurde als »Pacific Chapelon« bezeichnet.

▲ Ein Triebwagen »Bugatti« wurde von der Verschrottung bewahrt und gehört heute zur Sammlung des Eisenbahnmuseums in Mulhouse »Cité du Train«.

Schneller mit Dampf und Diesel

Das Bemühen der privaten französischen Eisenbahngesellschaften in der 30er Jahren, schnellere Züge verkehren zu lassen, manifestierte sich in den so genannten »Train de Vitesse«, die mit besonderem rollenden Material ausgestattet waren. Diese Schnellzüge waren hauptsächlich für Geschäftsleute, Politiker und Prominente bestimmt, die ein komfortables und schnelles Reisen besonders schätzten. Der Bau von Personenwagen in Stahl und nicht mehr in Holz hatte die Sicherheit der Passagiere stark verbessert. Andererseits stieg dadurch das Gewicht der Züge, stärkere Traktionsleistungen wurden erforderlich.

Die dynamische »Compagnie du Nord« setzte auf ihrer Hauptstrecke von Paris Nord nach Lille schon frühzeitig Schnellzüge ein. Da man aber noch schneller fahren wollte, mussten entsprechende Lösungen gefunden werden. Zu dieser Zeit arbeitete bei der »Paris-Orléans«-Gesellschaft (PO) der Ingenieur André Chapelon. Er war überzeugt, dass die Dampftraktion noch verbesserungsfähig war. Seine Bemühungen wurden schnell von Erfolg gekrönt. In Fachkreisen wurde der Ingenieur sogar als »Genius of Steam« anerkannt. Chapelons Pionierleistung bestand im Umbau einer Serienlokomotive vom Typ »Pacific« der Baureihe 3500 (3566) der »Paris-Orléans«-Gesellschaft in einen Prototyp Nr. 3701 im Jahre 1929. Dabei konnte die Leistung von 2000 auf 4000 PS erhöht werden. Die umgebaute Lokomotive konnte 600 Tonnen schwere Züge mit 120 km/h, anstatt wie vorher mit 90 km/h, ziehen. So entstand die als »Pacific Chapelon« genannte Dampflokomotive. Ihre Vorteile waren ein geringerer Kohleverbrauch im täglichen Dienst, eine bessere Leistungsfähigkeit durch verschiedene technische Anpassungen und eine erhöhte Geschwindigkeit.

Daraufhin wurden zwischen 1929 und 1932 20 weitere Lokomotiven umgebaut und auf bestimmten wichtigen Strecken, zum Beispiel nach Bordeaux, kostengünstig eingesetzt.

Auch die »Nord«-Gesellschaft war von der verbesserten Lokomotive überzeugt, obwohl sie schon die »Superpacific«-Lokomotiven besaß. Sie organisierte 1931 eine Wettfahrt, die von der umgebauten Lokomotive gewonnen wurde. Deshalb bestellte sie außer Umbauten vorhandener Lokomotiven auch eine Reihe von 40 Neubaulokomotiven, die mit den »PO«-Loks baugleich waren. Diese Loks wurden später von der SNCF übernommen und als 231 E eingereiht. Sie waren bis 1967 im Dienst. Die Elektrifizierung des Streckennetzes der SNCF führte zu einem schnellen Rückzug der Dampftraktion.

Trotz großer Zufriedenheit mit den umgebauten Chapelon-Lokomotiven und den baugleichen Neubaulokomotiven wurden aber auch verschiedene andere Wege verfolgt, um die Geschwindigkeit fallweise zu erhöhen. Obwohl die Dieseltraktion in Frankreich noch nicht stark verbreitet war, begann die »Compagnie Etat« »Bugatti«-Triebwagen in Dienst zu stellen. Der bekannte Automobil-Hersteller war in das Bahngeschäft eingestiegen, da die Autoindustrie in schwieriges Fahrwasser geraten war. Obwohl seine Triebwagen für 150 km/h ausgelegt waren, fuhren bei Testfahrten mehrere Einheiten deutlich schneller, zum Beispiel erreichte ein solcher »Bugatti«-Triebwagen unweit von Le Mans eine Geschwindigkeit von 196 km/h. Andere Bahngesellschaften folgten diesem Weg und beschafften – wie die »PLM« (Paris-Lyon-Méditerranée)-Triebwagen von diesem italienischen Hersteller. Es wurden im Übrigen zwei- und dreiteilige »Bugatti«-Triebwagen gebaut.

Auch die »Compagnie du Nord« führte die Dieseltraktion auf ihren Strecken ein. Sie beschaffte Dieseltriebzüge Typ »TAR« (Trains Automoteurs Rapides), mit denen die Fahrzeit zwischen Paris Nord und Lille verkürzt werden konnte. 1934 und 1935 fuhren die Triebwagen von Paris nach Lille 2 Stunden und 25 Minuten, das war eine wesentlich bessere Fahrzeit als die mit Dampftraktion gefahrenen Züge erreicht hatten.

Die Stromlinienzüge der PLM

Bei den Versuchen, die Geschwindigkeit zu steigern, stand auch die Verkleidung der Dampflokomotiven als eine hoch interessante Lösung zur Disposition. Diese Technik, bereits in den Vereinigten Staaten von Amerika erprobt und entwickelt, brachte im Alltagsbetrieb einige Verbesserungen. Deshalb folgten mehrere französische Bahngesellschaften diesem Weg.

Eine der berühmtesten und fähigsten Eisenbahngesellschaften in Frankreich, die »Paris-Lyon-Méditerranée«-Bahn, unter dem Kürzel »PLM« bekannt, beschloss, eine Schnellverbindung zwischen den Hauptstadt Frankreichs und Lyon mit besonderem rollendem Material einzurichten. So wurde der Stromlinienzug der PLM geboren, der mit einer Höchstgeschwindigkeit im Planverkehr von 140 km/h schnell der Starzug dieser Bahn wurde. Die Vierwagenzüge wurden von modifizierten 2'B1' gezogen, die mit ihrem Verbundantrieb und großen Treibrädern für höhere Geschwindigkeiten besonders gut geeignet waren.

Man kann diesen Stromlinienzug der »PLM« durchaus als echten Vorläufer der künftigen TGV bezeichnen, zumal er die 512 km Entfernung zwischen Paris und Lyon in rund 5 Stunden zurücklegte. Das entspricht einer durchschnittlichen Reisegeschwindigkeit von 102 km/h, für die damalige Zeit ein absoluter Spitzenwert. Der Betrieb mit diesem Stromlinienzug startete am 20. Juli 1935, er wurde am 22. Mai 1937 auf Paris–Marseille ausgedehnt, da in der Zwischenzeit der vorhandene Wagenpark mit anderen modifizierten Wagen aufgestockt worden war. Insgesamt waren 7 Lokomotiven der Baureihe 221 B und 4 Zugeinheiten mit jeweils 4 Wagen vorhanden. Jede Zugeinheit verfügte über einen Gepäck-/Speisewagen, zwei Wagen zweiter Klasse und einen Wagen erster Klasse. Damit konnten 192 Reisende in der zweiten Klasse und 48 in der ersten Klasse befördert werden. Nach Marseille – in 9 Stunden Fahrzeit erreicht – fuhren die Stromlinienzüge allerdings nur über eine kurze Zeit, der Betrieb wurde schon am 14. Mai 1938 wieder eingestellt. Die Züge Paris–Lyon verkehrten noch bis Sommer 1939, jetzt unter dem Zeichen der SNCF. Sie hatten übrigens die »Bugatti«-Triebzüge verdrängt, die zeitweilig auch auf dieser Strecke eingesetzt waren.

▲ Die »Compagnie du Nord« versuchte auch Dampfloks zu verkleiden. Diese »Pacific«-Lok wurde im Jahre 1937 im Bahnhof von Lille fotografiert.

▲ Auf der Fahrt nach Lyon wurde dieser Stromlinienzug der »PLM« 1935 bei Moret aufgenommen.

Rekordfahrten in der Nachkriegszeit

In der Nachkriegszeit war die nationale Staatsbahngesellschaft SNCF vor allem mit der Sanierung ihres Steckennetzes beschäftigt. Viele Strecken mussten umgebaut werden, um den Betriebsablauf zu verbessern. Aber die SNCF wollte auch wieder schnellere Züge betreiben.

Im Jahre 1949 begann die SNCF deshalb einen Schnellverkehr zwischen Paris und Strasbourg zu entwickeln. Dafür wurden drei Sondergarnituren beschafft, die mit Michelin-Reifen bestückt waren. Als Bespannung wurden umgebaute und leicht verkleidete Dampflokomotiven der Baureihe 230 K gewählt. Die Versuche wurden mit Kursen nach Basel ausgeweitet, aber sie konnten nicht befriedigen. Der Versuchsbetrieb wurde 1952 nach einem schweren Unfall wieder eingestellt.

Um möglichst schnell von der Dampftraktion Abstand nehmen zu können, forcierte die SNCF die Elektrifizierung, unter anderem mit dem Ziel, die Geschwindigkeit von 120 km/h auf 140 km/h zu erhöhen. Zu diesem Zweck wurde beschlossen, die Hauptstrecke zwischen Paris und Lyon zu elektrifizieren. Von der nationalen Industrie wurden in den Jahren 1950 und 1951 35 Elektrolokomotiven der Baureihe 2D2 9100 an die SNCF geliefert. Diese Maschinen waren für eine Höchstgeschwindigkeit von 140 km/h ausgelegt. Ab 1952 wurden sie im Schnellzugverkehr von Lokomotiven der Baureihe CC 7100 unterstützt, die mit einer Geschwindigkeit von 150 km/h fahren konnten. Insgesamt verfügte die SNCF über 60 CC-Lokomotiven.

Da die SNCF nur wenig Erfahrung mit höheren Geschwindigkeiten hatte, wurden etliche Testfahrten in Angriff genommen. In Februar 1954 wurde von der Ellok CC 7121 zwischen Baune und Dijon – auf der Strecke Paris–Lyon – eine Geschwindigkeit von 243 km/h erreicht. Der Weg für weitere Rekordfahrten war geebnet, die SNCF gründete dafür eine besondere Abteilung. Sie wählte die Strecke Bordeaux–Irun aus, um auf der gradlinigen Teilstrecke Lamothe–Morcenx im Rahmen der Versuchsfahrten vor allem die Oberleitung und die Gleise zu testen.

Am 28. März 1955 fand die Weltrekordfahrt mit 331 km/h im südfranzösischen »Landes« statt. Diese gradlinige und flache Strecke war besonders gut für diese Rekordfahrt geeignet. Zwei Loks wurden gewählt: die CC 7107, gebaut von Alsthom und die BB 9004, gebaut von Schneider, die eine spezielle Garnitur mit 3 leicht

▲ Ein Schnellzug aus Strasbourg, am Haken einer Dampflok der Baureihe 230 K, hat im September 1949 Paris Est erreicht. Die 6 Wagen sind mit Michelin-Reifen bestückt.

▲ Die Elektrolok CC 7121 im Februar 1954 mit ihrem Versuchszug auf Rekordfahrt (243 km/h).

modifizierten Personenwagen zogen. Der Erfolg der Weltrekordfahrt wurde von vielen Geheimnissen begleitet. Lange wurden der Öffentlichkeit die von der Rekordfahrt verursachten erheblichen Schäden am Gleis und an der Oberleitung vorenthalten. Trotzdem, diese Fahrt war damals ein echtes Abenteuer. Zu erwähnen ist, dass die Rekordgeschwindigkeit nur von der BB 9004 erreicht wurde. Die SNCF entschloss sich aber, auch der CC 7107 den Ruhm der Rekordfahrt zu verleihen! Man wollte die Firma Alsthom nicht verärgern.

Diese Rekordfahrt hatte verschiedene Forschungen zur Folge, z. B. wurde später ein neuer Pantograph von dem Hersteller Faiveley entwickelt. 1961 fuhr eine Standard-Elektrolok zwischen Strasbourg und Colmar mit 225 km/h. Dieser Erfolg öffnete das Tor für erhöhte Geschwindigkeiten im täglichen Betrieb.

▲ Die andere Rekordlokomotive von 1955, die BB 9004, ist auch museal erhalten. Sie gehört dem Nationalen Bahnmuseum von Mulhouse. Aufgenommen auf dem Weg zur Ausstellung Paris-Capitale im Mai 2003. *Foto: Pascal Letzelter*

▲ Die Rekordlokomotive CC 7107 wurde nach der Ausmusterung aufbewahrt. Sie wird oft bei Veranstaltungen gezeigt, wie hier im Betriebswerk von Villeneuve-St. Georges bei einem »Tag der offenen Tür« im Februar 1999. *Foto: Pascal Letzelter*

▲ Bespannt mit der Elektrolok 2D2 9110 verlässt einer der ersten elektrisch betriebenen Schnellzüge nach Lyon im August 1950 Paris Gare de Ly

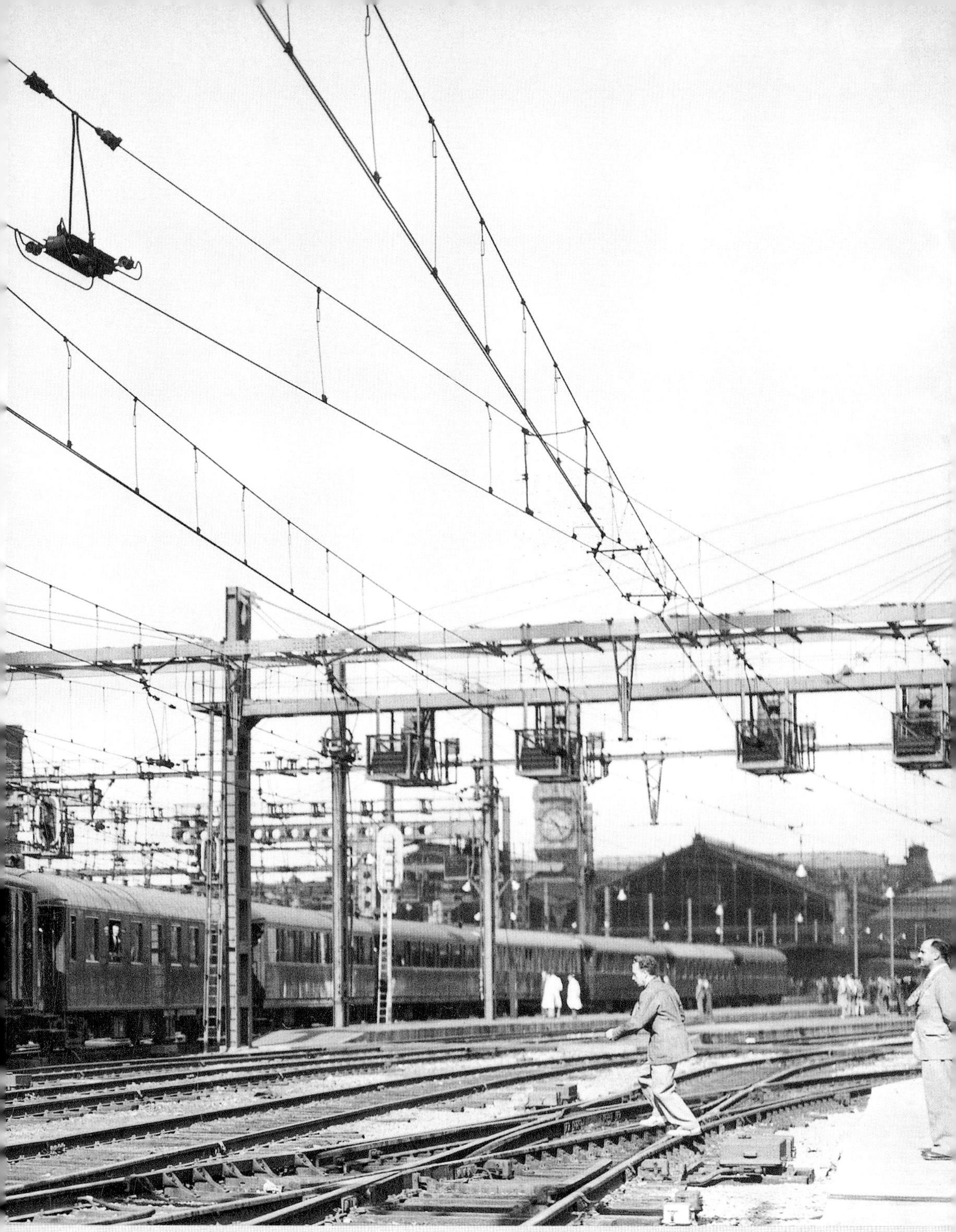

Ziel: 200 km/h auf wichtigen Strecken

In den 1960er Jahren hatte Japan bereits der Weg zu einer Geschwindigkeit von über 200 km/h mit neuen Zügen auf einer normalspurigen Neubaustrecke beschritten. Auch in Deutschland wurde seit 1965 mit 200 km/h auf der Strecke zwischen Augsburg und München gefahren. In Frankreich war die 140 km/h-Grenze auf den meisten Hauptstrecken erreicht worden. Eine Reihe verbesserter Trassierungen ermöglichte den Einsatz von Schnellzügen mit Tempo 160. Es waren zwar nur wenige Wagen für diese Geschwindigkeit vorhanden, aber der Bau neuer Wagen, die für eine höhere Geschwindigkeit ausgelegt waren, nahm kräftig zu. Die SNCF strebte jedoch nach dem Beispiel des japanischen »Shin Kansen« eine Geschwindigkeit von 200 km/h an. Dazu leisteten die infolge der Versuchs- und Rekordfahrten vorgenommenen Verbesserungen an den Pantographen, der Oberleitung und am Gleis einen wesentlichen Beitrag.

Die SNCF war bereit, im Alltagsbetrieb schneller zu fahren.

1967 wurde ein Schnellzug mit Erster-Klasse-Wagen und einem Speisewagen, der als »Capitole« zwischen

▲ Als TEE bezeichnet, fährt der Schnellzug »Le Capitole« im Juni 1980 nach Toulouse. Die Lokomotive gehört zur Baureihe CC 6500, und die Garnitur besteht aus »Grand Confort«-Wagen.

▲ Das Schild auf Wagen des Schnellzugs »Montaigne« vermittelt, dass der Zug mit maximal 200 km/h fährt. Das Foto stammt aus dem Jahre 1981.

▲ Der Schnellzug »Le Capitole« mit roten Wagen und einer Lokomo

Paris und Toulouse verkehrte, in Dienst gestellt. Er erreichte auf einem Teil der ausgebauten Strecke zwischen Orléans und Vierzon eine Geschwindigkeit von 200 km/h. Die Lokomotiven und speziell ausgerüstete Wagen erhielten einen roten Anstrich.

Später wurde auch zwischen Etampes und Orléans mit dieser Geschwindigkeit gefahren. Und 1971 konnten dann auf der Strecke Paris–Bordeaux die 200 km/h aufgenommen und damit die Reisezeit erheblich verkürzt werden.

Der »Capitole« wurden von den Reisenden sehr gut angenommen. Während einiger Jahre erlangte die SNCF mit diesen Starzügen sogar eine gewisse Berühmtheit. In der Zwischenzeit waren auch neue »Grand Confort«-Wagen geliefert worden.

In den 1980er Jahren wurden die Geschwindigkeit 200 km/h »demokratisiert« und der »Corail 200«, Züge mit beiden Wagenklassen, in Dienst gestellt. Für diese Züge hatte die SNCF bestimmte »Corail«-Wagen beschafft. Trotz dieser Erfolge blieb die Erwartung nach noch höheren Geschwindigkeiten stets lebendig.

er Baureihe BB 9200 im Juni 1969 auf dem Weg nach Toulouse. Der Zug fuhr auf Teilstrecken mit 200 km/h.

▲ Aus einem Triebwagen der Baureihe X 4300 entstanden, wurdet der »TGS«-Versuchszug in den »Turbotrain«-Farben gelb und grau gespritzt. Die Aufnahme stammt von 1973.

TGV-Versuchsfahrzeuge

Der Weg zum TGV führte über mehrere Etappen und einige Versuchsfahrzeuge. 1965 wurde erstmals, unter der Leitung vom Robert Geais, Chef der Bahnmeisterei Region Nord, die Idee von Hochgeschwindigkeitszügen erwogen. Um schneller fahren zu können – so dachte Robert Geais – müsste die Eisenbahn über eigene »Autobahnen« verfügen.

Im Jahre 1967 geht ein Prototypzug mit Gasturbinenantrieb in Betrieb. Dieses Versuchsfahrzeug erhält erstmals das Logo »TGV«. Drei Jahre später wird es in »TGS« (Turbine à Gaz Spéciale) umbenannt. In Frankreich denkt man auch über eine Adaption von Flugzeugturbinen für den Eisenbahnverkehr nach. Und dementsprechend wurden ab 1970 die so genannten »ETG« (Eléments à Turbine à Gaz) geliefert. Es sind gemischte mit Diesel und Turbinen angetriebene Züge, die im Eilzugverkehr kurze mit Lokomotiven bespannte Züge ersetzen. Ab 1973 werden dann die »RTG« (Rames à Turbine à Gaz), reine Turbozüge, in Dienst gestellt. Wiederum übernehmen diese Triebzüge Kursläufe mehrerer Züge, die mit Lokomotiven bespannt waren.

Die stark steigenden Preise vom Treibstoff verursachten 1974 eine Ölkrise, die auch zu einem Rückschlag für diese Turbozüge führte. Die Weiterentwicklung dieser Technik wurde gestoppt, obwohl die Züge sich im täglichen Betrieb bewährt hatten. Die »ETG« und »RTG« wurden zwar weiter genutzt, aber ihr Betriebseinsatz wurde verändert. Sie verloren vor allem lange Kursläufe auf nicht elektrifizierten Strecken.

▲ Das Foto zeigt einen TGV im Bahnhof von Dijon bei einer Vorführungsfahrt im August 1978.

Obwohl der Turbinenantrieb keine Zukunft hatte, wurde trotzdem ein neuer Prototypzug mit dieser Technik konzipiert. Der »TGV« 001, von Alsthom in Belfort entwickelt und gebaut, fuhr nach seiner offiziellen Einweihung und nur 8 Monate nach seiner Auslieferung am 8. Dezember 1972 sogar mit einer Geschwindigkeit von 318 km/h. Der Zug verfügte über zwei Gasturbinen in jedem Triebkopf und eine Gesamtleistung von 3760 kW. Aber auch dieser mit Gas betriebene TGV hatte keine Zukunft, zumal die Generaldirektion der SNCF nunmehr neue Züge mit Elektrotraktion bevorzugte. Am 12. Februar 1976 wurden drei Prototypen von elektrischen TGV bei Alsthom-Atlantique bestellt und ab Mai 1978 geliefert.

▲ Der »TGV« 001, mit Gasturbinenantrieb, erreichte 1972 eine Geschwindigkeit von 318 km/h. Er blieb ein Einzelstück.

▲ Der erste fertig gestellte, elektrisch angetriebene TGV verlässt im Mai 1978 die Montagehalle des Alsthom-Werkes in Belfort.

Werkfoto Alsthom

2. DIE ERSTE NEUBAUSTRECKE

Warum eine Neubaustrecke?

Über die Notwendigkeit einer Neubaustrecke wurde in Fachkreisen heftig diskutiert. Bei der Direktion der SNCF wurde dagegen die Einführung der Hochgeschwindigkeit – also mehr als 200 km/h – als dringende Lösung angesehen, um der Bahn in Frankreich neue Impulse zu geben. Obwohl schon seit 1967 auf ausgebauten Teilstrecken mit 200 km/h Tempo gefahren wurde, war das Streckennetz nicht für eine höhere Geschwindigkeit geeignet, es sei denn, es werden teure Ausbaumaßnahmen eingeleitet. Eilzüge fuhren damals mit maximal 140 km/h, auf Hauptstrecken waren auch schon mal 160 km/h möglich. Das Streckennetz hatte die SNCF von den Privatbahnen geerbt, viel war in den Ausbau nicht investiert worden, so dass für Züge, insbesondere auf kurvenreichen Strecken, eine höhere Geschwindigkeit nicht möglich war.

▲ Der Trans-Europ-Express »Mistral« – lange einer der Paradezüge der SNCF – wartet auf seine Abfahrt im Bahnhof von Paris Gare de Lyon. Die Lokomotive CC 6507 wird die schöne und komfortable Garnitur aus TEE-Wagen nach Lyon und weiter nach Marseille und Nizza bringen.

Im April 1968 wurde ein Projekt unter dem Namen »C 03« offiziell vorgestellt. Es war mit einer teuren Neubaustrecke verbunden, wurde anfangs auch skeptisch aufgenommen. Für die Bahn war eine Neubaustrecke ohne Hindernisse, wie Bahnschranken, enge Kurven usw., aber äußerst wichtig, um Hochgeschwindigkeitszüge fahren zu können.

Die Diskussion konzentrierte sich auf zwei Neubaustrecken: auf die Verbindung von Paris nach Lyon und auf die Strecke von Paris nach Lille. Insbesondere der Verkehr auf der Strecke von der Hauptstadt nach Lyon war stetig gestiegen, Prognosen wiesen auf enorme Hindernisse in der Verkehrsabwicklung hin, wenn nicht schnell etwas getan werde. Obwohl die Strecke Anfang der 1950er Jahre elektrifiziert und großenteils viergleisig ausgebaut worden war, um ihre Leistungsfähigkeit zu steigern, stieß sie in der Hauptreisezeit aber auch an den Wochenenden an die Grenzen ihrer Leistungsfähigkeit. Bis zu 260 Zügen pro Tag musste die Strecke aufnehmen. Demzufolge kam es häufig zu Verspätungen, ab und an waren auch Streichungen von Eil- und Nahverkehrszügen erforderlich, um die Trasse für Schnellzüge offen zu halten. Dieser Zustand verursachte viele Ärger und Sorgen, nicht nur für den Betreiber.

Anders als in Japan, wurde in Frankreich kein separates Netz angestrebt, sondern die Züge sollten auch auf den Altbaustrecken verkehren und die alten Bahnhöfe in den Stadtzentren bedient werden können.

Da die diskutierte Neubaustrecke nach Lille mit dem Kanaltunnel nach England verbunden wäre, über dessen Bau jedoch noch gar nicht entschieden worden war, fiel die Entscheidung für den Neubau einer Strecke nach Lyon. Es folgten heftige Diskussionen zum möglichen Fahren von Güterzügen auf der Neubautrasse, denn der Güterverkehr sollte seine Rentabilität verbessern. Bei der Direktion der SNCF war man sich jedoch einig: es sollten nur Hochgeschwindigkeitszüge fahren. Der voraussichtliche dichte Personenverkehr konnte schlecht mit einem langsameren Güterverkehr gemischt werden. Deshalb wurde die Idee, auch Güterzüge auf der Neubaustrecke zuzulassen, gänzlich aufgegeben.

Neubaustrecke »LN 1«
sowie TGV-Test- und Rekordfahrten

Am 23. März 1976 wurde die Gemeinnützigkeit der 410 km langen Neubaustrecke von Paris nach Lyon als »LN 1« (ligne nouvelle) anerkannt. Nachdem sich die Politik stark für dieses Vorhaben eingesetzt hatte und die ursprünglichen Widerstände gegen die Neubaustrecke gesunken waren, konnten die Bauarbeiten noch im Jahre 1976 beginnen. Sie wurden 1983 beendet.

Parallel zum Bau der »LN 1« wurde eine Reihe von TGV-Testfahrten auf verschiedenen Strecken im Lande durchgeführt, um das neue Rollmaterial zu optimieren und auch um die zukünftigen Triebzugführer zu schulen. Da genügend Triebzüge vorhanden waren, konnten auch Vorführungen organisiert werden. Die orangenfarbigen TGV-Züge wurden dem interessierten Publikum in vielen Städten gezeigt, auch dort, wo noch kein Einsatz von TGV geplant war.

Statt eines Lok bespannten Schnellzuges, der zwischen Paris und Lyon als »Le Lyonnais« mit Corailwagen verkehrte, wurde ein TGV eingesetzt, um die Reisenden und das Personal an das neue rollende Material zu gewöhnen. Der TGV konnte auf der »alten Strecke« jedoch nur mit maximal 160 km/h fahren. Der Testbetrieb auf vorhandenen Strecken dauerte nur so lange, bis der erste Teilabschnitt der Neubaustrecke eröffnet wurde.

Obwohl die neuen Züge beim Publikum bereits gut angenommen wurden, suchten SNCF und Alsthom nach weiterer, sensationeller Werbung. Still und geheim wurde eine Rekordfahrt vorbereitet. Nachdem schon bei Probefahrten die alte Rekordfahrt von 331 km/h übertroffen worden war, entschied die SNCF, einen offiziellen Versuch zu veranstalten. Am 26. Februar 1981 erreicht dann eine gekürzte TGV-Einheit, Nummer 16, mit 380 km/h den neuen Rekord. Diese Weltrekordfahrt offenbarte neben der Kompetenz des Herstellers Alsthom die hohe Qualität der Gleise, der Oberleitung und des rollenden Materials. Dieses herausragende Ereignis wurde verständlicherweise werblich in breiter Form genutzt, um die Attraktivität des TGV beim Publikum nachhaltig zu vermitteln, aber auch um Exportaufträge zu beschaffen.

▲ Die Schnellzugverbindung Nr.185 »Le Lyonnais« nach Lyon wird versuchsweise von einem TGV-Zug betrieben. Die alte PLM-Strecke erlaubt jedoch nur eine maximale Geschwindigkeit von 160 km/h. Die Aufnahme stammt von Mai 1981.

▲ Die Rekordfahrt vom Februar 1981. Die gekürzte Garnitur Nr.16 erreicht 380 km/h.

▲ Bauzüge auf freier Strecke in der hügeligen und touristischen Morvan-Region. Foto von Juli 1980.

▲ An der Garnitur Nr. 16 wurde eine Tafel angebracht, um auf die Rekordfahrt aufmerksam zu machen.

▲ Nach Beendigung von Testfahrten auf der Neubaustrecke wird die Testgarnitur von einer Diesellok auf die nicht elektrifizierte Verbindungsstrecke in Montchanin gezogen.

Die Neubaustrecke wird in zwei Etappen eröffnet

Infolge des Auto- und Flugzeugrausches nach dem zweiten Weltkrieg war die Eisenbahn schon ab den sechziger Jahren des vorigen Jahrhunderts als stark veraltet und nicht mehr zukunftsfähig angesehen worden. Als am 27. September 1981 aber der erste Abschnitt der neuen Bahnstrecke LN 1 in Betrieb genommen wurde, begann für den Eisenbahnverkehr in Frankreich ein neues Zeitalter. Der »Train à Grande Vitesse« wurde binnen kürzester Zeit zu einem großen Erfolg. Die für den TGV ursprünglich vorgenommenen Prognosen wurden weitaus übertroffen.

Der Hauptvorteil der TGV-Züge: Sie verkehren auf einer separaten, für Hochgeschwindigkeitszüge gebauten Strecke, und sie fahren direkt von Stadtzentrum zu Stadtzentrum. Anfangs fuhren die TGV mit 260 km/h, ab September 1982 dann mit 270 km/h. Dank der Einführung von neuem rollendem Material konnte die Geschwindigkeit erhöht werden. Seit 2001 fahren die Züge mit 300 km/h, bald werden es auf dieser Strecke 320 km/h sein. Die Fahrzeit zwischen Paris und Lyon beträgt rund zwei Stunden.

Die LN 1 wurde in Anwesenheit von vielen Prominenten und Fachleuten von Staatspräsident François Mitterand eingeweiht. Sie wurde in zwei Abschnitten eröffnet. Der Südteil, nördlich von Lyon bei Sathonay bis St. Florentin, wurde im September 1981 für den Zugverkehr freigegeben, und der nördliche Teil, von St. Florentin bis Combs la Ville, wurde ab 25. Oktober 1983 von TGV-Zügen befahren. Die Strecke führt über eine Länge von 418 km, sie hat 8 Brücken und eine maximale Steigung von 3,5 %. Das Zugleitsystem TVM 300, von 1981 bis 2001 im Einsatz, wurde inzwischen vom TVM 430 ersetzt.

Streckenbeschreibung

Die Fahrt beginnt im Bahnhof von Paris Gare de Lyon, der nun hauptsächlich von TGV-Zügen bedient wird. Außerdem beginnen hier auch einige Schnellzüge nach Clermont-Ferrand, und letztlich wird Paris-Lyon von einem dichten Vorort- und Regionalverkehr frequentiert. Sämtliche Nachtzüge wurden jedoch zu den Bahnhöfen Paris-Austerlitz oder Paris-Bercy verlegt.

Zunächst rollen die TGV-Züge auf der alten Strecke bis Créteil (Carrefour Pompadour), fahren dann auf die Verbindungsstrecke, durchqueren zwei Tunnels in Limeil-

▲ Schöne Landschaft bei Cluny mit einem TGV auf der schon fertig gestellten Strecke LN 1. Im Hintergrund links sieht man die Abtei. Foto von März 1981.

▲ Service zum Mittagessen am Platz in der ersten Klasse auf einem Kurs nach Marseille.

Brévannes und Villecresnes und gehen schließlich auf die Neubauverbindungsstrecke von Combs bis Crisenoy in Richtung Lyon über. Die schöne hügelige und touristische Morvan-Region wird bis St. Florentin durchfahren, wo ab und zu noch eine Verbindungstrecke genützt wird. Nachdem Pasilly erreicht ist – von hier zweigen die TGV nach Dijon und Lausanne ab – werden die Bahnhöfe von Le Creusot und Mâcon-Loché angefahren. Seit 1992 zweigt bei Montanay die Umfahrungsstrecke von Lyon ab, die die TGV-Züge nach Valence und weiter südlich auf die Neubaustrecke LN 5 »Méditerrannée« nach Montpellier, Marseille und Nizza führt.

Die Neubaustrecke LN1 trifft bei Sathonay auf die Strecke von Bourg en Bresse, überquert die Rhône und fährt in Lyon Part-Dieu ein. Dieser neue Bahnhof hat den alten von Lyon-Brotteaux ersetzt. Von hier fahren dann die Züge weiter nach Lyon-Perrache, Grenoble oder St. Etienne.

▲ Ein TGV-Triebzug, aufgenommen im September 1990 in Genf. Der Zug verkehrt unter schweizerischem Fahrdraht, der mit 1500 V Spannung gespeist wird, um die Züge bis zum Hauptbahnhof leiten zu können.
Foto: Jean Tricoire

▲ Auf freier Strecke kreuzt im Mai 1987 ein TGV nach Lyon einen TGV, der von Lyon kommt. Ersterer hat einen gelben Reservetriebkopf von La Poste.

Verschiedene TGV-Typen auf dicht befahrener Strecke

Auf der dicht befahrenen Strecke LN 1 verkehren verschiedene TGV-Typen. Außer den reinen Zügen Paris–Lyon und weiter nach Marseille, Nizza und Montpellier sind auch Verbindungen wie Rennes–Lyon oder Lille–Marseille auf dieser Strecke zu Hause. Neben den TGV »PSE« sind dementsprechend »Réseau«-, »PBA«-, »Duplex«-, »Eurostar«- und »Atlantique«-Triebzüge anzutreffen. Nachts fahren auch die gelben »La Poste«-Triebzüge, und nachts wird im Übrigen auf freier Strecke auch gearbeitet, Anlagen werden geprüft und fallweise gewechselt.

Nach der Lieferung von Dreisystem-TGV-Einheiten wurde ab 1984 Lausanne angefahren. Diese Züge, zeitweise als »Ligne de Coeur« vermarktet, sind nun als »Lyria« unterwegs. Über die erste Neubaustrecke fahren auch, wie oben bereits erwähnt, die TGV »Réseau« nach Mai-

▲ Zwei TGV »Paris-Sud Est«-Einheiten fahren auf der alten PLM-Strecke. Sie wurden im Oktober 1982 bei Sens aufgenommen. Zu dieser Zeit war die Neubaustrecke nur ab St. Florentin befahrbar.

▲ Ein Doppelstock-TGV »Duplex« auf der Fahrt nach Lyon und St. Etienne, hier auf der Neubaustrecke LN 1 im Mai 1998.

▲ Der Hauptbahnhof Marseille-St. Charles war einer der ersten Bahnhöfe, die von TGV bedient wurden. Die Aufnahme stammt von Mai 1999. *Foto: Michel Destombes*

▲ Lausanne wird seit 1984 von den Dreisystem-TGV-Zügen angefahren. Hier eine Doppeleinheit bei der Ankunft im Juli 1993.

Foto: Philippe Caudron

land, die vom Gemeinschaftsbetrieb »Artesia« (SNCF/Trenitalia) betreut werden.

Seit 1992 wurde die Neubaustrecke LN 1 durch die LGV »Rhône-Alpes« bis Valence (LN 4) und seit 2001 durch die LGV »Méditerranée« nach dem Süden Frankreichs (LN 5) ergänzt. Seitdem brauchen die TGV für die Strecke Paris–Marseille ohne Zwischenhalt nur 3 Stunden!

25 Jahre TGV ohne nennenswerte Probleme

Am 23. und 24. September 2006 wurde von der SNCF in Paris-Le Trocadéro ein großes Fest – La Très Grande Fête du TGV – aus Anlass 25 Jahre TGV veranstaltet. Die erste kommerzielle Fahrt eines TGV zwischen Paris und Lyon fand nämlich am 27. November 1981 statt. Dieses Fest fand rege Zustimmung beim Publikum.

Unter anderem wurde ein Triebkopf des TGV »POS« (4403) ausgestellt, der Führerraum konnte besichtigt werden, und viele Informations- und Verkaufsstände, Exponate, Fotos und Kinderspiele rundeten dieses Fest ab.

Seit der Inbetriebnahme der ersten Neubaustrecke hatte die SNCF keine Probleme mit den TGV-Zügen. Es gab keinen einzigen größeren Unfall. Dafür gibt es viele Gründe: Der Wegfall von Bahnübergängen, die Einrichtung von Zäunen entlang der Strecke, automatische Notbremsung bei Überschreitung der zulässigen Geschwindigkeit, Alarmsysteme auf Brücken, um das Herunterstürzen von Pkw auf Gleise zu signalisieren und vieles mehr. Darüber hinaus minimiert die Ausrüstung der TGV-Einheiten mit Jacobs-Drehgestellen die Gefahr der Entgleisung.

Etwas anekdotisch ist noch anzumerken, dass zwischen Paris und Lyon zwei Jäger beschäftigt sind, um Tiere von den Gleisen fernzuhalten. 2003 wurden 55 Tiere von TGV angefahren und getötet, Verspätungen waren die Folge. Zwei Jahre später konnte dank der Jäger, die regelmäßig die Wildzäune inspizieren, die Zahl auf 29 reduziert werden.

▲ Zwei TGV »Réseau« auf dem Kurs Lille–Marseille. Sie wurden im Mai 1998 nördlich von Lyon auf der LN 1 aufgenommen.

▲ Star des Festes war zweifelsohne dieser TGV-»POS«-Triebkopf. Im Hintergrund sieht man den Trocadéro Palast in Paris.
Foto: Pascal Letzelter

▲ Beim Fest im September 2006 aus Anlass 25 Jahre TGV-Betrieb konnte das Publikum auch den Führerraum des TGV-»POS«-Triebkopfes (4403) besichtigen.
Foto: Pascal Letzelter

Foto: Philippe Caudron

▲ Zwei »Atlantique«-Triebzüge fahren im Mai 1998 auf der Neubaustrecke LN 1 als Kurs Nantes/Rennes–Lyon.

Foto: Philippe Caudron

3. DER AUSBAU DES STRECKENNETZES

Schneller in Richtung Westen – Die zweite Neubaustrecke

Parallel zur Diskussion über eine Neubaustrecke von Paris nach Lyon wurden in den siebziger Jahren auch die Möglichkeiten einer zweiten Hochgeschwindigkeitsstrecke, und zwar von Paris nach dem Norden, erörtert. Diese Strecke aber war mit dem Bau des Kanaltunnels nach Großbritannien verbunden. 1974 wurde die Planung bis auf Weiteres aufgegeben.
Die SNCF beschäftigte sich auch mit dem eventuellen Bau einer anderen Strecke, allerdings »streng geheim«, da noch nicht mal die Vorbereitungen für die erste Neu-

▲ Die Einheiten Nr. 1 und 2 wurden weiß-blau lackiert. Das Foto vom April 1988 zeigt den Triebzug Nr. 1 im Werkgelände von Alsthom in Belfort im Rahmen einer Presse-Vorführung. Später wurden beide Einheiten als Nr. 301 und 302 eingereiht.

▲ Dieser TGV »Atlantique« wurde im Mai 1995 bei Auneau aus einem Triebwagen aufgenommen, der von Châteaudun nach Paris-Austerlitz unterwegs ist.
Foto: Pascal Letzelter

baustrecke LN 1 abgeschlossen waren. Im Jahre 1977 kündigte der damalige Verkehrsminister dann an, dass »er die französischen Staatsbahnen beauftragt habe, eine Neubaustrecke nach Westen zu studieren«.

Das war sicher eine gute Wahl, da der Personenverkehr in die Bretagne und nach Bordeaux sehr rege war und entsprechend den in Auftrag gegebenen Prognosen weiterhin steigen werde. Es wurden verschiedene Varianten erörtert bis die Wahl endlich auf die »Lignes à Grande Vitesse« (LGV) »Atlantique« fiel.

Bei der Einweihung der Neubaustrecke Paris–Lyon war auch der Staatspräsident Mitterand anwesend. In diesem Rahmen verkündete er die Nachricht, dass »er die SNCF beauftragt habe, eine Neubaustrecke zu bauen, die Paris mit Rennes oder Nantes in zwei Stunden und Paris mit Bordeaux in drei Stunden verbindet«.

Verständlicherweise wurde diese Nachricht von vielen Bauern und Weinhändlern im Westen Frankreichs nicht gut angenommen, und es standen schwierige Verhandlungen bevor, um eine möglichst für alle akzeptable Lösung zu finden. Der Plan einer Trassenführung in Form eines »Y« musste mehrmals durch andere Varianten ersetzt werden.

Bau und Eröffnung der neuen Strecke

Nach zähen Verhandlungen wurde mit dem Bau des Tunnels im Pariser Vorort bei Fontenay sowie Sceaux begonnen und eine modifizierte y-förmige Trassenführung vereinbart. Daraus folgte jedoch eine Steigerung der geplanten Gesamtkosten. Die SNCF war nicht bereit, diese erhöhte Summe zu investieren und bat deshalb den Staat um Hilfe. Im Januar 1985 wurde endlich eine finanzielle Lösung gefunden, so dass die schon am 25. Mai 1984 beschlossene Trassierung in Bau gehen konnte. Noch aber standen Verhandlungen mit dem Weinanbaugebiet bei Vouvray an, denn die Winzer hatten vehement gegen die Strecke protestiert. Die Lösung wurde schließlich in einem 1496 m langen Tunnel gefunden. Der Bau des Tunnels wurde am 5. Juni 1985 genehmigt, da die Gemeinnützigkeit der Strecke letztlich unbestritten war.

Diese zweite Neubaustrecke wurde somit mit vielen größeren Hindernissen als die erste Neubaustrecke gebaut. Auch die Kosten überstiegen erheblich die anfangs vorgenommenen Kalkulationen. Aber die viel versprechenden Prognosen über die Anzahl der künftigen Rei-

▲ Im März 1988 wurde ein Bauzug, gezogen von der CC 65517, auf der Teilstrecke entlang der A10-Autobahn fotografiert. Heute fahren die Züge hier mit maximal 300 km/h.

▲ Hochbetrieb im Bahnhof Paris-Montparnasse im Mai 1992. Gleich drei TGV »Atlantique« warten im gründlich umgebauten Bahnhof auf ihre Ab- bzw. Weiterfahrt.
Foto: Christian Deny

senden trugen schließlich dazu bei, das Projekt weiter zu führen und zu verwirklichen.
Der Bau der LGV »Atlantique« begann offiziell am 15. Februar 1985 im Pariser Vorort, er dauerte über 5 Jahre. Die Strecke wurde in zwei Stufen eröffnet. Am 20. September 1989 wurde der erste Teil zwischen Connerré und Paris vom Premierminister Rocard eingeweiht. Der Ast nach Tours wurde feierlich von Präsident Mitterand am 28. September 1990 eröffnet. Der Weg von der Planung bis zur Inbetriebnahme der neuen Strecke war zwar lang, aber letztlich von Erfolg gekrönt. Die Passagierzahlen nach Bordeaux stiegen schnell um 25 und nach Nantes um 33 Prozent.

▲ Der fertig gestellte Triebkopf 24 005 wurde im April 1988 anlässlich einer Pressefahrt im Werk Alsthom in Belfort vorgestellt.

Weltrekordfahrten

Der bisherige Weltrekord von 380 km/h wurde am 1. Mai 1988 von einem ICE-Versuchszug (406,9 km/h) übertroffen. Daraufhin beschlossen die SNCF gemeinsam mit Alsthom-Atlantique die Geschwindigkeit des TGV weiter zu steigern und das Blaue Band der Schiene wieder nach Frankreich zurück zu holen. Vor der Eröffnung der LGV Atlantique wurden bereits mehrere Fahrten mit dem TGV genutzt, um das rollende Material zu testen und zu optimieren. Eindeutiges Ziel war, dass die TGV »Atlantique« mit maximal 300 km/h auf der Neubaustrecke fahren sollten.

Auf der ersten Neubaustrecke Paris–Lyon hatte ein TGV »PSE« bereits 408,5 km/h erreicht, diese Weltrekordfahrt wurde aber nicht offiziell anerkannt. Im Bewusstsein, noch schneller fahren zu können, wurde von der SNCF – streng geheim – eine neue Weltrekordfahrt vorbereitet.

Das mit Stolz gefeierte Ereignis fand dann am 18. Mai 1990 statt: Der verkürzte Triebzug 325 erreichte mit 515,3 km/h unweit von Vendôme einen neuen Welkrekord. Dieser Rekord eines TGV »Atlantique« überdauerte 17 Jahre. Erst am 3. April 2007 wurde er von dem »POS«-Triebzug »V150« mit 574,8 km/h auf der LGV »Est-Européen« bei Passavant en Argonne übertroffen.

▲ Eine Aufnahme von der Rekordfahrt am 18. Mai 1990. Der verkürzte Triebzug 325 erreichte eine Geschwindigkeit von 515,3 km/h.

▲ Die Zugeinheit 325 trägt ein besonderes Schild, das auf die Rekordfahrt vom 18. Mai 1990 hinweist. Aufgenommen wurde einer der beiden Triebköpfe im Bahnhof von Tours im Juli 1993.

▲ Eine einfache Garnitur des TGV »Atlantique« auf dem Wege nach Le Mans hat bald die Abzweigung von Courtalain erreicht. Aufgenommen im September 1997.

Streckenbeschreibung

Die Züge starten im Bahnhof von Paris-Montparnasse, der auch einen regen Vorortverkehr nach Rambouillet, Chartres und Mantes la Jolie aufweist. Nach wenigen Minuten mündet die Strecke in einen Tunnel bis kurz vor dem Bahnhof von Massy TGV. Nach dem Tunnel von Villejust verläuft die Hochgeschwindigkeitsstrecke entlang der A10-Autobahn. Die Landschaft ist flach, es ist »La Beauce«, eine landwirtschaftliche Region im Westen Frankreichs. Bei Courtalain zweigt eine Stichstrecke bis kurz vor Connerré-Beillé ab, wo die Züge dann in die Strecke (Paris) Chartres–Le Mans einmünden. Von hier fahren sie weiter nach Laval und Rennes oder nach Angers und Nantes.
Der Hauptast der Strecke nach Tours führt durch den kaum benutzten Bahnhof von Vendôme TGV, weiter vorbei an Tours – der Bahnhof von Tours ist über eine Verbindungsstrecke erreichbar – und mündet beim Ort Monts in die Hauptstrecke Tours–Bordeaux. Zuvor hat die Strecke den Tunnel von Vouvray passiert. Alle Züge nach Bordeaux und Hendaye an der spanischen Grenze fahren über diese Strecke.

▲ Aus Hendaye an der französisch/spanischen Grenze kommend, fäh... Dieses Foto zeigt den TGV »Atlantique« im Juli 2005 bei der Durchfah...

…iese Einzel-Garnitur nach Bordeaux und weiter nach St. Pierre des Corps. Danach wird sie auf der Neubaustrecke bis Paris-Montparnasse rollen. …urch den geschlossenen Haltepunkt von Rion des Landes.

▲ Eine Doppelgarnitur TGV »Atlantique« fährt mit 300 km/h nach Paris und nähert sich einem Vorort der Hauptstadt, aufgenommen im Mai 1995 bei St.Arnoult en Yvelines.

Reger Verkehr mit unterschiedlichen TGV-Typen

Die LGV »Atlantique« hat eine Gesamtlänge von 282 km, sie verfügt über vier Tunnels, eine Brücke und eine maximale Steigung von 1,6 %. Für das Zugleitsystem wurde der Typ TVM 300 installiert. Auf dieser Strecke fahren folgende TGV-Typen: »Atlantique«, »Réseau«, »PSE Rénov 1« und »Duplex«. Die »Duplex«-Einheiten verkehren zum Beispiel auf der Verbindung Rennes–Marseille. Einige TGV »PSE Rénov 1«, die auf der ausgebauten Strecke mit maximal 220 km/h fahren dürfen, sind seit 2006 auch auf den Kursen Lille–Nantes/Rennes anzutreffen.

Zwei Bahnhöfe – in Massy und Vendôme – wurden speziell für den TGV »Atlantique« gebaut.

▲ Auch La Rochelle ist ein Ziel für die TGV »Atlantique«. Gerade ist der Zug aus Paris angekommen, er wird nun für die Rückfahrt nach Paris-Montparnasse vorbereitet. Die Aufnahme stammt von April 1995.

▲ Ankunft eines TGV »Réseau«, aus Lille kommend, im Bahnhof von Rennes, der Hauptstadt der Bretagne, im August 2003.

▲ Die Einführung von direkten und regelmäßigen Kursen nach Quimper (Bretagne) wurde in den Haltebahnhöfen besonders gefeiert. Im Dezember 1992 wird der TGV »Atlantique« in Lorient von Matrosen und mit Musik empfangen.

▲ Ein TGV »Atlantique« im August 2004 auf dem Viadukt von Laval zwischen Rennes und Le Mans.

Foto: Michel Destombes

4. DIE LGV »NORD-EUROPE«

Mit dem Kanaltunnel verbunden

Über eine Neubaustrecke von Paris nach dem Norden wurde bereits in den 60er Jahren nachgedacht, unter anderem mit Abzweigungen nach Lille und auch nach Brüssel. Um die Strecke attraktiver zu gestalten und die Rentabilität des Zugverkehrs zu erhöhen war eine Verlängerung der Nordroute nach Großbritannien, verbunden mit dem Bau eines Tunnels unter dem Kanal, geplant. Die Idee für einen Tunnel war schon 1957 erwogen und von einer Kommission gründlich untersucht worden. 1975 wurde das Projekt eines Tunnelbaus aber wieder zurückgestellt, da die britische Regierung eine teure Modernisierung der Strecke London–Tunnel ablehnte. Trotzdem wurde diese Idee nicht völlig begraben, 1981 dann sogar wieder neu belebt.

Nach ausführlichen Verhandlungen zwischen Großbritannien und Frankreich kam im Januar 1986 endlich ein Abkommen zustande, unterschrieben von Premierminister Margaret Thatcher und Präsident François Mitterand. Damit war das Startsignal für den Bau des lang erwarteten Tunnels gegeben.

▲ Diese Bauzüge wurden auf der Hochgeschwindigkeitsstrecke LN 3 im Mai 1992 aufgenommen. Heute fahren hier verschiedene Typen von TGV-Zügen mit maximal 300 km/h.

Die dritte Neubaustrecke

Aufgrund des Abkommens wurde am 9. Oktober 1987 über den Bau einer dritten Neubaustrecke entschieden. Zeitweise war im Übrigen auch über eine Magnetbahn diskutiert worden. Nach Erörterung verschiedener Varianten einigte man sich schließlich auf eine Trassenführung, die der dritten Neubaustrecke entsprach und die in Frankreich als LN 3 (ligne nouvelle 3) bekannt wurde. Die Wahl der Variante mit dem direkten Zweig von Lille nach Calais ließ aber Amiens weitab von der Strecke.

Es bedurfte harter und langer Verhandlungen, da der Gemeinderat und die Einwohner von Amiens nicht verstanden, warum ihre Stadt nicht von der Strecke bedient werden sollte. Als Gegenleistung wurde der Bau eines Bahnhofs namens »TGV Haute-Picardie« beschlossen. Trotzdem verstummte die Kritik nicht.

Die gewählte Streckenführung hatte den Vorteil, dass sie der Autobahn A1 folgte und die Belästigung damit erheblich reduziert werden konnte. Die Eröffnung der

▲ Ein TGV »Réseau« macht Halt im Bahnhof von TGV Haute-Picardie, während in der Gegenrichtung ein »Eurostar« nach Paris fährt. Aufgenommen im Mai 1999.
Foto: Michel Destombes

▲ Mai 1993: Ein TGV vom Typ »Réseau« im Pariser Gare du Nord. Die Umbauarbeiten für den künftigen Verkehr nach England mit »Eurostar«- oder nach Amsterdam mit »Thalys«-Zügen sind zu diesem Zeitpunkt noch in vollem Gange.

Neubaustrecke wurde gezielt mit der Inbetriebnahme des Kanaltunnels für Mai 1993 vorgesehen.
Die SNCF war beauftragt, die Gesamtkosten der 330 km langen Neubaustrecke sowie der ebenfalls beschlossenen 102 km langen Verbindungsstrecke »Barreau d'Interconnexion« zu finanzieren.
Der Bau begann Anfang 1990, und am 18. Mai 1993 wurde der erste Teil zwischen Paris und Arras offiziell von Präsident François Mitterand eingeweiht. Der kommerzielle Betrieb wurde am 23. Mai 1993 aufgenommen. Schon am 26. September 1993 konnte der zweite Teilabschnitt nach Lille eröffnet werden. Die dritte Stufe umfasste die Strecke nach Calais und zum Kanaltunnel. Parallel zum Bau der Neubaustrecke waren auch neugebaute Bahnhöfe entstanden. In Mai 1994 wurden die Bahnhöfe von Lille-Europe, TGV Haute-Picardie und Calais-Frethun eröffnet.

▲ Die Doppelgarnitur eines TGV »Réseau« verlässt im Juni 1998 Paris Gare du Nord. Auf dem Viadukt oben ist ein Métro-Zug zu erkennen.

▲ Ein TGV »Réseau« auf der Fahrt nach Paris, aufgenommen im Département Somme im September 1998.   Foto: Michel Destombes

Eine wichtige europäische Verbindung

Der Kanaltunnel wurde von der britischen Königin Elisabeth II und dem französischen Präsidenten Mitterand am 6. Mai 1994 festlich eingeweiht. Der reguläre Bahnbetrieb konnte aber erst im November 1994, allerdings eingeschränkt, aufgenommen werden, da noch nicht alle Sicherheitsprobleme gelöst waren. Jahrelanges Tauziehen hatte den Bau erheblich verzögert, aber nun war der Traum, Frankreich mit England durch einen Tunnel zu verbinden, Wirklichkeit geworden.

Die Neubaustrecke LN 3 dient dem Verkehr von Paris Gare du Nord nach Lille, aber auch nach London mit »Eurostar«-Zügen, nach Brüssel und Amsterdam seit 1996 und nach Köln seit Dezember 1997 mit »Thalys«-Zügen.

Auf der LGV »Nord Europe« sind TGV »Réseau«, TMST (TransManche SuperTrain) »Eurostar«, »Thalys« PBA und PBKA, TGV »PSE«, »Atlantique« und »Duplex«, also fast alle Typen anzutreffen. Die Strecke hat eine maximale Steigung von 2,5 %, sie ist mit dem Zugleitsystem TVM 430 ausgerüstet. Die Höchstgeschwindigkeit beträgt auf dieser Neubaustrecke 300 km/h.

▲ Im Pariser Gare du Nord wartet ein TGV »Thalys« auf die Abfahrt nach Brüssel, während der Nachtzug aus Berlin vor einigen Minuten gerade angekommen ist. Foto von Juli 2002.

▲ Auch TGV »Duplex« fahren auf der LN 3 Neubaustrecke, aufgenommen im September 2006 bei Morval. Foto: Michel Destombes

▲ Aus London kommend, fährt dieser »Eurostar« Zug im Juni 1999 nach Paris Gare du Nord.

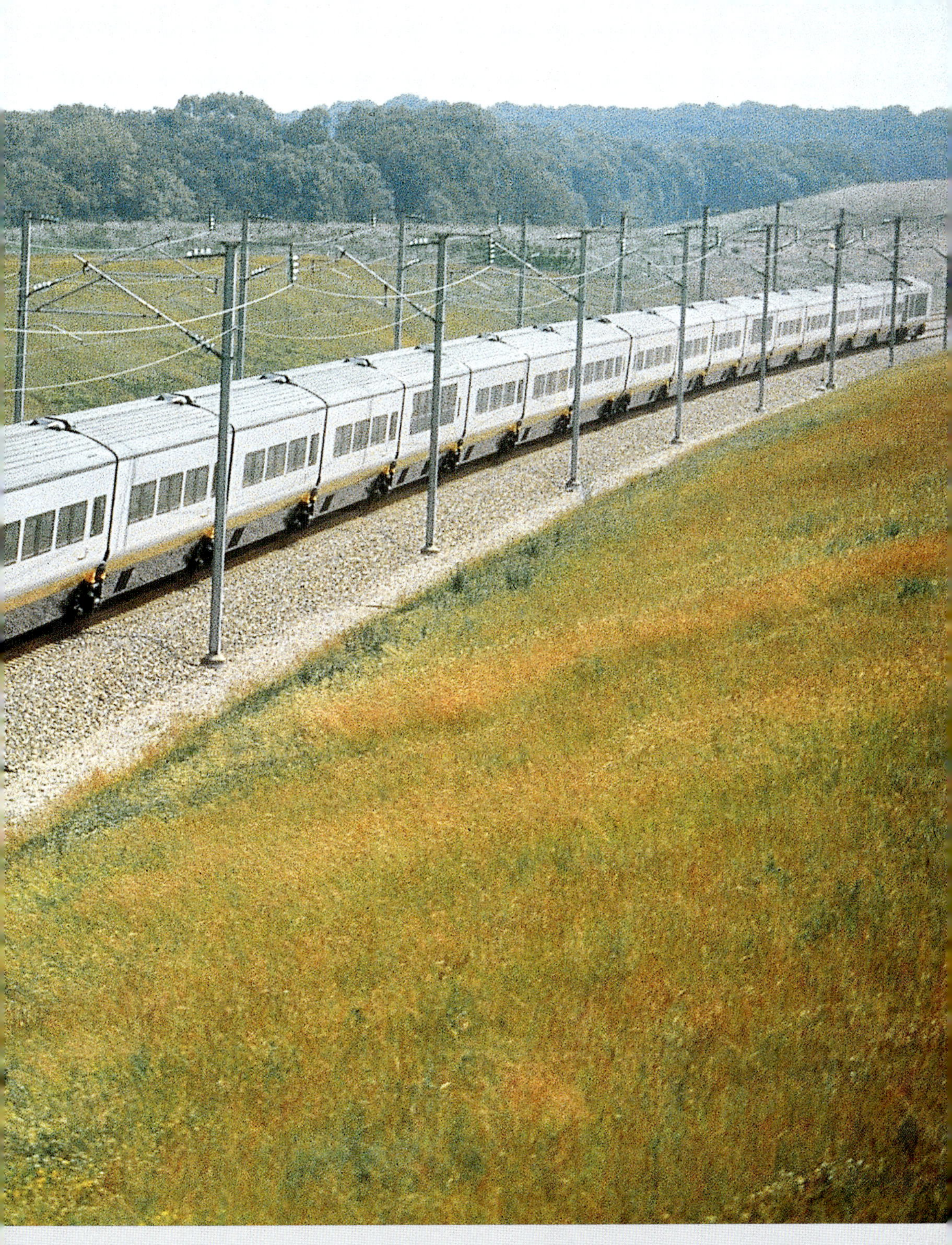

▲ Ein TGV aus Dunkerque kommend fährt auf dem Viadukt von Verberie, er hat seine Reise bald beendet. Das Foto wurde im Juni 1993 aufgenommen.

Foto: Philippe Caudron

Streckenbeschreibung

Die Züge verlassen den umgebauten und modernisierten Bahnhof Paris Gare du Nord und fahren am Stade de France in Saint-Denis vorbei. Die Neubaustrecke LN 3 wird bei Villiers-le-Bel erreicht, und nur wenige Kilometer weiter trifft sie bei Vémars auf die Interconnexion Est.

Die Neubaustrecke überquert dann den Viadukt von Goussainville und eine Autobahn. Bei Verberie folgen ein Tunnel und ein weiterer Viadukt. Die Strecke verläuft entlang der Autobahn A1 bis Lille. Der Bahnhof von Ablaincourt, auch TGV Haute-Picardie genannt, wird durchfahren – hier halten nur wenige Züge – danach beginnt die Verbindungsstrecke nach Arras. Am »Triangel« von Frétin zweigt die Strecke in Richtung Osten nach Brüssel, Amsterdam und Köln ab. Die Stichstrecke nach Belgien ist 26 km lang, sie wurde 1996 in Betrieb genommen. Westlich führt die Neubaustrecke nach Lille-Europe, einem speziell gebauten Bahnhof, und dann weiter nach Calais-Fréthun. Nach diesem Bahnhof beginnt die Neubaustrecke zum Tunnel nach England. Dieser Tunnel wird von »Eurostar«-Zügen, Güterzügen und «Shuttle«-Pendelzügen durchfahren. Die gesamte Gegend wird streng überwacht, da der Tunnel auch von illegalen Einwanderern genutzt wird.

▲ Ein TGV »Réseau« wurde im April 1999 auf der Verbindungsstrecke von Arras aufgenommen. *Foto: Michel Destombes*

▲ Zwei »Thalys«, vorne ein PBA- und dahinter ein PBKA-Triebzug, fahren entlang der Autobahn A1 nach Paris Gare du Nord, September 1999.

Foto: Michel Destombes

▲ Im Bahnhof Calais-Fréthun wartet ein »Eurostar«-Zug nach London auf seine Abfahrt. Aufnahmen in diesem Bahnhof sind nicht leicht zu machen, da er streng überwacht wird. Fotografiert im Oktober 1999.   Foto: Michel Destombes

Die Neubauverbindungsstrecke »Barreau d'interconnexion«

Diese Neubaustrecke verbindet alle Hochgeschwindigkeitsstrecken. Sie ist 102 km lang, wurde 1994 eröffnet und ermöglicht die Umgehung der Pariser Bahnhöfe und damit schnellere Verbindungen wie Lille–Rennes oder Nantes–Lyon. Zwei Bahnhöfe wurden gebaut: Roissy-Charles de Gaulles (Flughafen bei Paris) und Chessy-Marne la Vallée. Diese Verbindungsstrecke weist einen äußerst dichten Verkehr auf. Täglich sind fast alle TGV-Typen anzutreffen.

Am 26. Mai 2001 hat ein TGV »Réseau« die Gesamtstrecke Calais–Marseille (1067 km) ohne Halt in 3 Stunden, 29 Minuten und 30 Sekunden zurückgelegt. Er hat die folgenden Neubaustrecken passiert: LGV »Nord Europe«, Verbindungsstrecke »Barreau d'interconnexion«, LGV »Sud-Est« und LGV »Méditerranée«.

▲ Ein TGV »Réseau« verlässt den Bahnhof von Lille-Europe, September 1999.   Foto Michel Destombes

▲ Zwei TGV »Atlantique« auf der Fahrt von Nantes nach Lyon haben die Verbindungsstrecke nach dem Norden erreicht. Sie wurden im März 1994 bei Crisenoy fotografiert.   Foto: Jean Tricoire

▲ Der TGV »Réseau« 531 wurde im April 2002 im Pariser Gare du Nord aufgenommen. Er trägt den Hinweis, dass am 26. Mai 2001 eine Direktfahrt von Calais nach Marseille in 3 Stunden 29 Minuten stattgefunden hat, und zwar dank der »Barreau d'Interconnexion«, die alle Hochgeschwindigkeitsstrecken verbindet.
Foto: Michel Destombes

5. LYON–VALENCE UND DIE LGV »MÉDITERRANÉE«

LGV »Rhône-Alpes«

Um die Reisezeiten nach dem Süden Frankreichs erheblich zu verbessern, wurde eine Neubaustrecke von Lyon nach Valence geplant. Erwogen wurde in diesem Zusammenhang auch eine Umgehung von Lyon, um durchgehende Züge schneller befördern zu können. 1987 wurde die Weiterführung der Strecke von Lyon nach dem Süden genehmigt. Ziel einer Neubaustrecke war auch, die TGV-Züge aus dem dichten Verkehr auf der alten Strecke, auf der auch Güter- und Regionalzüge verkehrten, herauszulösen, zumal südlich von Lyon trotz zweigleisigem Ausbau mehr als 500 Züge im täglichen Betrieb zu bewältigen waren. Die gewählte Trassierung hatte einen neuen Bahnhof in Lyon-Satolas zur Folge, nun in Lyon-St. Exupéry umbenannt. Der Bahnhof hat Anschluss an einen großen internationalen Flughafen. Mit einer Länge von 115 km wurde der Bau der Neubaustrecke LN 4 am 26. Oktober 1989 als gemeinnützig anerkannt.

Sie wurde in 2 Etappen eröffnet. Die 38 km lange Umgehungsstrecke von Lyon zwischen Montanay und Saint Quentin-Fallavier ging am 13. Dezember 1992 in Betrieb. Der zweite Teil, zwischen Saint Quentin-Fallavier und Saint Marcel lès Valence, wurde am 3. Juli 1994 eingeweiht. Insgesamt ist die Strecke 121 km lang.

Auch die Weiterführung der Neubaustrecke in Richtung Süden war schon beschlossen. Man war sich aber bewusst, dass der Bau einer Hochgeschwindigkeitsstrecke südlich von Valence mit erheblichen Schwierigkeiten verbunden sein würde.

▲ Ein TGV-Triebzug macht im Bahnhof Lyon-St. Exupéry Halt, Oktober 2006. Foto: Michel Destombes

▲ Eine Doppelgarnitur, bestehend aus einer »Duplex«- und einer »PSE«-Einheit wurde im Oktober 2006 im Bahnhof von Valence TGV aufgenommen.
Foto: Michel Destombes

▲ Der neue Bahnhof von Lyon-Satolas wurde am 3. Juli 1994 eröffnet. Der Name wurde inzwischen in Lyon-St. Exupéry geändert. Er hat Anschluss an den internationalen Flughafen. Aufgenommen im Januar 2006.
Foto: Michel Destombes

LGV »Méditerranée«

Nach der Verlängerung der LN 1 »Paris Sud-Est« durch die LN 4 »Rhône-Alpes« bot sich eine natürliche Fortsetzung nach Marseille geradezu an. Dazu kam es aber vorerst nicht. Vielmehr wurde heftig diskutiert und protestiert.

Der Bau einer Neubaustrecke LGV »Méditerranée« wurde zwar schon im Januar 1989 erwogen. Als aber selbst Staatspräsident Mitterand am 14. Juli 1990, dem nationalen Feiertag in Frankreich, sich kritisch zur Trassierung äußerte, wurde entschieden, neue Varianten zu studie-

▲ Eine TGV »Paris Sud Est«-Einheit überquert im Juni 2001 die Rhône auf dem Viadukt von Roquemaure. Die Strecke LN 5 war erst vor kurzem eröffnet worden.
Foto Camille Bruneau

ren. Diese Arbeit wurde aufgrund heftiger Proteste von vielen betroffenen Anrainern entlang der künftigen Hochgeschwindigkeitsstrecke nicht gerade leicht gemacht. Der Baubeginn der LGV »Méditerranée« musste deshalb mehrmals verschoben werden.

Man kann sagen, dass die Hochgeschwindigkeitsstrecke LN 5 »Méditerranée« nach 6 Jahren ständiger Diskussionen und Proteste zum schwierigsten Bauwerk aller Neubaustrecken wurde.

In der Zwischenzeit wurde auch die Neubaustrecke nach Montpellier bis auf Weiteres zurückgestellt. Die Weiterführung bis Nîmes wurde dagegen genehmigt.

Die Gemeinnützigkeit der LN 5 wurde schließlich durch Unterschrift am 2. Juni 1994 besiegelt. Die verschiedenen Trassenkorrekturen hatten jedoch zu einer erheblichen Steigerung der Kosten und damit verringerter Rentabilität geführt. Als LGV »Méditerranée« getauft, wurde die Strecke in Anwesenheit von Staatspräsident Chirac im Juni 2001 feierlich eingeweiht.

▲ Im Juli 2000 stehen noch keine Maste am Dreieck von Les Angles. Hier mündet die Strecke von Valence und führt weiter nach Nîmes.
Foto: Camille Bruneau

▲ Zwei TGV »Réseau« überqueren den Kanal von Donzère auf dem Viadukt von La Garde-Adhémar, September 2004.

Foto: Michel Destombes

Operation »Sardine«

Die Eröffnung der Neubaustrecke »Méditerranée« sollte mehr ins öffentliche Licht gerückt werden. Da eine Weltrekordfahrt nicht infrage kam, wurde von der Presse- und Informationsstelle der SNCF eine Sonderfahrt unter dem kuriosen Namen »Sardine« organisiert. Die Fahrt sollte von Calais-Frethun nach Marseille über mehr als 1000 km Entfernung verlaufen und in 3 Stunden und 30 Minuten bewältigt werden. Dafür wurde der Triebzug vom Typ »Réseau« Nr. 531 ausgewählt. Er passierte die Strecke am 13. und 26. April 2001 in 3 Stunden und 46 bzw. 44 Minuten. Die SNCF war damit nicht zufrieden. Deshalb wurde am 26. Mai 2001 eine erneute Fahrt, diesmal mit geladenen Gästen von der SNCF, von Alsthom und der Fachpresse veranstaltet. Der Zug bewältigte die 1067 km lange Strecke in genau 3 Stunden 29 Minuten und 30 Sekunden.
Die Fahrt wurde ausführlich vom Fernsehen publiziert. Das Ziel war erreicht.

TGV-Typenvielfalt auf der LN 5

Von der Neubaustrecke »Méditerranée« profitieren vor allem die Züge von Paris-Lyon nach Marseille, Toulon und Nizza, aber auch nach Nîmes, Monptpellier, Narbonne und Perpignan. Wie auf der PSE-Strecke rollen auf diesen wichtigen Strecken fast alle Typen von TGV-Zügen, außer den mit TVM 430 ausgerüsteten TGV »Atlantique«. Sie dürfen südlich von Valence nicht fahren.
Die Prognosen für das Verkehrsaufkommen in den Süden Frankreichs wurden von der Wirklichkeit weit übertroffen. Der Inlandflugverkehr verlor viele Kunden. Die durchgehende Verbindung über die LGV »Sud-Est«, »Rhône-Alpes« und »Méditerranée« hat die Nachfrage nach Bahnverkehrsleistungen erheblich erweitert. TGV-Züge bedienen auf dieser Verbindung 100 Bahnhöfe, am Anfang waren es nur ein Dutzend.
Die TGV-Typenvielfalt wird von den verschiedenen Zugverbindungen hervorgerufen, z. B. von Zügen zwischen Rennes oder Nantes nach Marseille, aber auch Genf–Marseille oder Lyon–Toulouse. Auch die aus dem Norden Frankreichs kommenden »Eurostar«- und »Thalys«-Züge sind regelmäßig auf der LN 5 anzutreffen.
Die maximale Geschwindigkeit auf dieser Strecke beträgt 320 km/h.

▲ Eine Doppelgarnitur aus zwei TGV »Paris-Sud-Est«-»Rénov 2«-Einheiten überquert im Juni 2001 auf der Fahrt nach Marseille das Viaduc de l'Arc, bald wird er in Aix en Provence eintreffen.
Foto: Camille Bruneau

▲ Diese renovierte Einheit »PSE« Typ »Rénov 2« verbindet Marseille mit Montpellier Sie wurde im Juni 2001 auf dem Viaduc de la Roubine aufgenommen.
Foto: Camille Bruneau

Streckenbeschreibung

Auf der Neubaustrecke »Rhône-Alpes« zweigen die von Paris kommenden Züge bei Montanay nach Lyon ab, während die Züge nach Marseille, Nizza, Montpellier und Grenoble auf die Verbindungsstrecke östlich von Lyon zurollen. Nach der Fahrt durch einen Tunnel und über das Viadukt von Miribel, das die Rhône überquert, führt die Strecke zum Bahnhof Lyon-St. Exupéry, vormals Lyon-Satolas genannt. Einige Kilometer weiter ermöglicht eine Abzweigung den TGV-Zügen Lyon–Marseille auf die alte Trasse überzugehen, die auch von Zügen nach Grenoble und Chambéry genutzt wird. Die Strecke verläuft nun südwärts durch die Tunnel von Messies und la Galaure, bevor sie in den Bahnhof Valence TGV mündet, der in zwei Ebenen errichtet ist. Auf dem Oberdeck halten die regionalen TER-Züge nach Grenoble.

▲ Diese Luftaufnahme von September 2006 zeigt die Kunstbauten beim Dreieck von Les Angles. Der mit Sonderlackierung versehene »Duplex«-Zug fährt nach Marseille.
Sammlung: Michel Buard

Ab hier beginnt nun die Hochgeschwindigkeitsstrecke »Méditerranée«. Sie überquert den Fluss Drôme, fährt durch den Tunnel von Tartaiguille und überquert den Donzère-Mondragon-Kanal auf dem Viadukt von La Garde-Adhémar mit seinen hellblauen Bögen. Danach folgt ein sehr spektakulärer Streckenteil. Dreimal wird die Rhône überquert, auf den Viadukten von Mornas, Mondradon und Roquemaure. Bei St. Genies wird die Strecke über eine Autobahn geleitet, fährt durch einen Tunnel und über ein weiteres Viadukt. Ab hier, am Triangle Les Angles, zweigt die Verbindungsstrecke nach Nîmes ab. Die Neubaustrecke, die zukünftig erweitert werden soll, mündet in die alte Trasse von Avigon nach Montpellier. Die Verbindung nach Marseille wird auf der Stichneubaustrecke »Grand Sud« weiter geführt, bevor der Bahnhof von Avignon TGV erreicht wird. Von hier verläuft die Strecke durch den Tunnel von Bompas, sie überquert dreimal den Fluss La Durance auf den Viadukten von Cavaillon, Cheval Blanc und Orgon. Danach sind noch zwei weitere Viadukte zu überqueren, Vernègue und Ventabren, sowie der Tunnel des Arcs zu durchfahren. Die Landschaft ist sehr reizvoll. Der nächste Bahnhof ist Aix en Provence TGV, abseits der Stadt gelegen. Bald mündet die Strecke in den Tunnel nach Marseille. Die Züge fahren jetzt auf der alten Trasse, und die Reise ist im Bahnhof Marseille-St. Charles beendet.

▲ Zwei »Duplex«-Garnituren überqueren im Juli 2001 auf dem Weg nach Marseille das Viaduc de l'Arc. Foto: Camille Bruneau

▲ Das Viadukt von Vernègue, südlich von Avignon, wird im Juli 2001 von zwei TGV »Réseau« befahren. Dieses Viadukt hat eine Länge von 1208

Tunnel und Viadukte

Der Bau der Neubaustrecke LN 5 war mit großem Aufwand und vielen Schwierigkeiten verbunden, die mehrmals zu Verzögerungen bei der Realisierung der Strecke beitrugen. Um die Landschaft so wenig wie nur möglich zu beschädigen, mussten immer wieder akzeptable Kompromisse, zum Beispiel durch die Errichtung von Viadukten, gefunden werden. An der insgesamt 295 km langen Strecke wurden 500 Bauwerke, davon 20 Viadukte und 6 Tunnel, errichtet. Der letzte Tunnel der Strecke, 7834 m lang, führt durch Marseille. Das längste Viadukt, 1730 m lang, wurde bei Ventabren gebaut, es folgen die Viadukte von Les Angles (1573 m) und bei Cavaillon (1500 m). Kleiner dafür aber spektakulärer sind die Bauwerke von La Garde-Adhémar, die den Donzère-Kanal überschreiten, und der Viaduc de l'Arc. Weiterhin wurden sechs Stromversorgungsstationen gebaut, um den dichten Verkehr ohne Hindernisse zu bewältigen. Zu nennen sind auch die 3 großzügigen Bahnhöfe von Valence TGV, von dem ein Anschluss zur Strecke Valence–Grenoble ausgeht, sowie Avignon TGV und Aix en Provence TGV.

Foto: Camille Bruneau

6. DIE LGV »EST-EUROPEEN«

Der lange Weg zur LGV Est

Eine Neubaustrecke nach Strasbourg wurde schon in der Vergangenheit mehrmals diskutiert, sie ist überhaupt eines der ältesten Projekte. Der Streckenneubau wurde schließlich 1995 genehmigt, aber wie zu befürchten war, wurde er aufgrund der fehlenden Einigung über den Streckenverlauf aber auch infolge ungeklärter Finanzierung verzögert. Da Metz und Nancy einen direkten Anschluss an die Neubaustrecke forderten, wurde entschieden, ein Bahnhof in der Mitte zwischen beiden Städten zu errichten. Des Weiteren wurde eine Führung von Zügen nach Mulhouse und Basel durch Strasbourg nicht akzeptiert. Als Gegenprojekt wurde sogar die An-

▲ Die Aufnahme zeigt einen TGV »Paris-Sud-Est« im Bahnhof von Strasbourg. Er wurde im Dezember 1978 während einer Demonstrationsfahrt aufgenommen. Zu dieser Zeit war der Bau einer Neubaustrecke von Paris nach Strasbourg noch ein Traum.

▲ Ein modernisierter TGV »Réseau« wurde im April 2007 auf der alten Strecke bei Lagny fotografiert. Verschiedene Zugläufe Paris Est–Strasbourg wurden bereits von TGV-Zügen gefahren, um die Kundschaft auf das neue rollende Material einzustimmen. Foto: Pascal Letzelter

wendung der Neigetechnik erwogen, damit die Schnellzüge auf der vorhandenen Strecke fahren und darüber hinaus eine Reihe von Investitionen eingespart werden konnten. Da aber keine Neige-TGV zur Verfügung standen, wurde diese Idee schnell wieder fallen gelassen.
Die Neubaustrecke LN 6, als TGV »Est-Europeen« vermarktet, ist auch unter dem Kürzel »POS« (Paris-Ostfrankreich-Süddeutschland) bekannt. Sie dient dem Inlandverkehr vom Pariser Ostbahnhof (Gare de l'Est) ausgehend nach Reims, Metz, Nancy, Strasbourg oder Mulhouse, aber auch dem internationalen Verkehr nach Saarbrücken sowie Frankfurt am Main und weiter nach Stuttgart bzw. München und nach Basel und Zürich. Die bayerische Metropole wird ab Dezember 2007 mit dem TGV erreichbar sein. Auch die Hauptstadt des Großherzogtums Luxemburg erhält eine TGV-Verbindung.

Das Kernstück der LN 6 ist die Neubaustrecke von Vaires bei Paris nach Baudrecourt. Dieses Projekt wurde beim Gipfel von La Rochelle zwischen Bundeskanzler Kohl und dem französischen Staatspräsident Mitterand vereinbart. Obwohl die Gemeinnützigkeit der Neubaustrecke schon im Mai 1996 erklärt wurde, begannen die Bauarbeiten nach Genehmigung des französischen Verkehrsministeriums erst im Jahre 2002. Die Idee, die Neubaustrecke von Vaires bis Vendenheim bei Strasbourg durchzuziehen, wurde zunächst fallen gelassen. Man konzentrierte sich vorerst auf den Teilabschnitt bis Baudrecourt. Ab hier rollen die TGV-Einheiten dann auf der alten, teils recht kurvenreichen Strecke. Der Bau der zweiten Etappe Baudrecourt–Vendenheim (106 km) ist genehmigt worden und könnte 2013 oder 2014 in Betrieb gehen.

▲ Der mit einer Sonderlackierung versehene TGV »Réseau« 506 wurde im März 2007 auf der alten Strecke bei Hofmühl aufgenommen.
Foto: Pascal Letzelter

Die LN 6 und die internationalen Verbindungen

Die LN 6 »LGV Est-Europeen« beginnt in Vaires sur Marne und führt bis Baudrecourt, wo sich die Strecke y-förmig in einen nördlichen Ast nach Saarbrücken und Frankfurt am Main und in einen südlichen Ast nach Strasbourg aufteilt. Die Neubaustrecke ist 300 km lang, dazu kommen 44 km Anschlussstrecken. Drei neue Bahnhöfe wurden gebaut, »Champagne-Ardenne« »Meuse« und »Lorraine«. Die südliche Strecke führt die Züge weiter über Kehl, nach Karlsruhe und Stuttgart. Ab Dezember 2007 werden die TGV auch bis München fahren. Von Kehl nach Appenweier und nördlich nach Karlsruhe ist die Strecke ausgebaut worden. Es soll aber noch eine zweite Rheinbrücke errichtet werden.
Luxemburg und die Schweiz werden ebenfalls mit der LGV »Est-Européen« verbunden: die Hauptstadt des Großherzogtums weiter von Metz und Thionville und die Schweiz über die ausgebaute Strecke Strasbourg–Colmar–Mulhouse–Basel und weiter nach Zürich. Auf der Verbindung Paris–Luxemburg verkehren modernisierte TGV »Réseau«-Einheiten, nach Stuttgart und München (ab Dezember 2007) TGV »POS« und zwischen Paris und der Main-Metropole Frankfurt ICE 3M der DB AG. Über die LN 6 laufen außerdem Zugverbindungen wie zum Beispiel Bordeaux–Strasbourg, Nantes–Strasbourg und Strasbourg–Lille.

▲ Der TGV »POS« 4406 hat bald Saverne erreicht und fährt weiter nach Strasbourg. Im Elsass fahren die Züge rechts und nicht links. Das Foto stammt vom März 2007. Inzwischen ist der Triebzug an die SBB verkauft worden.

Foto: Pascal Letzelter

▲ Ein angekommener TGV vom Typ »Réseau« wurde zusammen mit einem ICE 3 im Pariser Gare de l'Est aufgenommen. Der ICE war anlässlich einer Premierenfahrt am 25. Mai 2007 von Frankfurt am Main nach Paris gekommen.
Foto: Pascal Letzelte

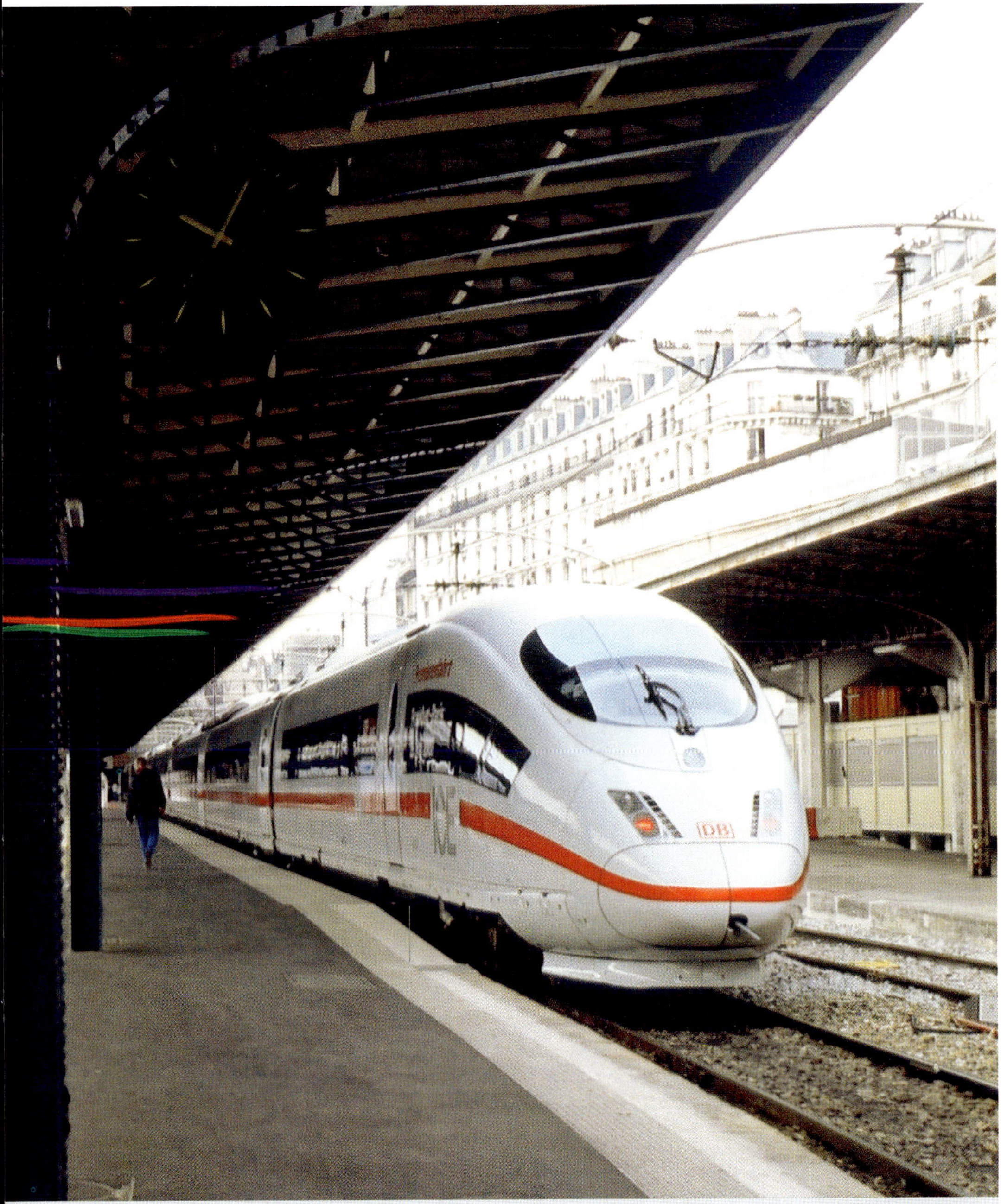
DB

▲ Aus Frankfurt am Main kommend, fährt dieser ICE 3 nach Paris Gare de l'Est. Er hat die Neubaustrecke Barreau d'Interconnexion gekreuzt und wurde im Juni 2007 bei Charny aufgenommen.

Foto: Pascal Letzelter

▲ Dieses Foto wurde bei einer Versuchsfahrt im April 2007 aufgenommen. Der TGV vom Typ »POS« fährt nach Paris.
Foto: Michel Buard

Streckenbeschreibung

Die TGV und auch die ICE benützen die alte Strecke bis Vaires sur Marne (23 km), hier beginnt dann die Neubaustrecke. Den TGV »Province-Province« (oder auch »Intersecteurs« genannt – sie umfahren Paris –) eröffnet die Interconnexion Est die Möglichkeit einer zweiten Streckeneinmündung.

Eine von der Neubaustrecke abzweigende Trasse verläuft nach Reims und in die Ardennen. Unweit von St. Hilaire au Temple führt eine weitere Abzweigung nach Châlons en Champagne, Vitry le François, Saint-Dizier und Bar le Duc. Bei Thiaucourt-Regneville wurde eine Abzweigstrecke gebaut, um im Falle einer Störung auf der LN 6 die TGV auf die alte Strecke leiten zu können. Nach einigen Kilometern führt eine erneute Abzweigung in Richtung Norden nach Pagny sur Moselle mit den Zielen Metz und Luxembourg und südwärts in Vandières nach Nancy und zu den Strecken nach St. Dié und Epinal sowie Remiremont in den Vogesen.

In Louvigny-Cheminot befindet sich der Bahnhof »Lorraine«, von dem aus der Flughafen Metz-Nancy-Lorraine bedient wird. Die Neubaustrecke erreicht Baudrecourt südlich von Metz, von hier zweigt eine Strecke nach Forbach und Saarbrücken ab. Die Neubaustrecke mündet nun in die alte Strecke Metz–Strasbourg ein, in Réding trifft sie auf die Verbindung nach Nancy.

▲ Für den Betrieb auf der LN 6 sind 33 TGV »Réseau«-Einheiten eingesetzt. Vorwiegend werden modernisierte Züge gefahren. Die Aufnahme vom April 2007 zeigt die Einheit 543 im Bahnhof von Strasbourg. *Foto: Pascal Letzelter*

▲ Im Pariser Gare de l'Est treffen sich an einem Tage im April 2007 mehrere Typen von rollendem Material, wie BB 15000, TGV »Réseau« und ganz im Hintergrund eine Diesellok der Baureihe CC 72100 mit umweltfreundlichen Motoren. *Foto Pascal Letzelter*

▲ Dieser TGV von Typ »POS« wurde im Juni 2007 auf der Neubaustrecke LN 6 aufgenommen. Die zwei neu gelieferten Triebköpfe wurde mit 8 renovierten ehemaligen Réseau-Mittelwagen »vereint«. *Foto: Pascal Letzelter*

Verkürzte Fahrzeiten

Der TGV »Est-Européen« hat den bisherigen Alltagsbetrieb stark verändert. Alle Schnellzüge von Paris-Est nach Luxembourg (Eurocity), Frankfurt an Main und Stuttgart (beide Eurocity) sowie Strasbourg (meist Corail-Teoz) sind entfallen. Auf der alten Strecke fahren außer Güterzügen nunmehr TER Regionalzüge und »Corail-Intercités«-Züge.

Die Inbetriebnahme des ersten Abschnitts der Neubaustrecke LN 6 ermöglicht vor allem kürzere Fahrzeiten. Während ein »Corail Teoz«-Schnellzug mit gehobenem Komfort nach Strasbourg bisher fast 4 Stunden unterwegs war, benötigt der TGV mit Tempo 320 km/h nur noch 2 Stunden und 20 Minuten. Nach Fertigstellung der gesamten Neubaustrecke würde die Reisezeit sogar auf 1 Stunde und 50 Minuten verkürzt werden. Nancy und Metz rücken mit einer Reisezeit von 1 Stunde und 30 Minuten bzw. 1 Stunde und 25 Minuten ebenfalls näher an die Hauptstadt heran. Reims wird nach 45 Minuten Reisezeit erreicht.

Die Reise nach Stuttgart dauert 3 Stunden und 40 Minuten. Die ICE-Einheiten Baureihe 406 fahren von Paris-Est nach Saarbrücken in 1 Stunde und 50 Minuten, während die Mainmetropole Frankfurt in 3 Stunden und 50 Minute erreicht wird, anstatt früher 6 Stunden und 15 Minuten. Auf der Neubaustrecke LN 6 verkehren natürlich auch innerfranzösische Züge, wie Strasbourg–Nantes in 5 Stunden und 10 Minuten. Auch Städte wie Remiremont in den Vogesen oder Sedan haben TGV-Zielbahnhöfe.

Seit der Inbetriebnahme der Neubaustrecke werden die Verbindungen Zürich–Basel–Mulhouse–Strasbourg–Paris Est ebenfalls bedient. Von Basel nach Paris braucht ein Zug 3 Stunden und 31 Minuten Fahrzeit und von Zürich bis Paris konnte die Reisezeit auf 4 Stunden und 32 Minuten verkürzt werden.

▲ Die Kurse zwischen Paris Gare de l'Est und Metz, Nancy, Luxembourg, Strasbourg und Mulhouse werden mit renovierten TGV »Réseau«-Einheiten gefahren. Mit der Inbetriebnahme der Neubaustrecke LN 6 konnten die Fahrzeiten erheblich verkürzt werden. Das Foto wurde im Juni 2007 aufgenommen.
Foto: Pascal Letzelter

Neue Weltrekordfahrt mit 574,8 km/h

Am 3. April 2007 hat eine verkürzte TGV-Einheit, aus 2 Triebköpfen und 3 Doppelstock-Zwischenwagen bestehend sowie als »V150« getauft, die Rekordgeschwindigkeit von 574,8 km/h erreicht.

Die Rekordfahrt fand zwischen Bar le Duc und Verdun, bei Passavant en Argonne, statt. Triebzugführer war Eric Piczac, im Rekordzug hatten 40 Techniker aber auch Prominente, wie die Präsidentin der SNCF Anne Marie Idrac, Platz genommen. Der 106 m lange und 268 Tonnen schwere Zug verfügte über eine Leistung von 26 650 PS, 12 der 16 Achsen waren angetrieben.

Die Rekordfahrt wurde innerhalb von 14 Monaten mit Unterstützung der RFF (Réseau Ferré de France) und Alstom vorbereitet. Dazu waren 30 Millionen Euro erforderlich.

Dieser Aufwand hat natürlich einen Hintergrund. In den nächsten 20 Jahren soll das Eisenbahn-Hochgeschwindigkeitsnetz in Europa erheblich erweitert werden. Die TGV-Technologie könnte in diesem Zusammenhang eine bedeutende Rolle spielen.

DB AG und SNCF gründen ein Joint Venture

Am Freitag, den 25. Mai 2007, fand die Premierenfahrt eines ICE von Frankfurt am Main und eines TGV »POS« von Stuttgart nach Paris in Anwesenheit von Anne-Marie Idrac, Präsidentin der SNCF, und Hartmut Mehdorn, Vorstandvorsitzender der DB AG statt. Beide Züge fuhren gleichzeitig in den Bahnhof Paris Gare de l'Est ein. An Bord befanden sich zahlreiche Gäste aus Politik und Wirtschaft.

Die beiden Konzernchefs unterzeichneten die Verträge für ein Joint Venture von SNCF und DB AG mit Namen »Alleo« (Alliance Est Ouest).

»Mit der Gründung des Joint Venture werden wir gemeinsam neue Kunden gewinnen und den Verkehr zwischen Frankreich und Deutschland verdoppeln.

Um dies zu erreichen, setzen wir das Beste unserer beiden Produkte ein: TGV und ICE, die wettbewerbsfähige Reisezeiten bei einer Höchstgeschwindigkeit von 320 km/h, hochwertigen Service und attraktive Preise bieten. Nach »Eurostar«, »Thalys« und »Lyria« unterstreicht diese neue Kooperation das Engagement der SNCF beim Aufbau des europäischen Hochgeschwindigkeitsverkehrs«, sagte Anne-Marie Idrac anlässlich der Premierenfahrt.

▲ Die Sondergarnitur »V150« hat die Rekordgeschwindigkeit von 574,8 km/h am 3. April 2007 erreicht. Zu dieser Zeit war die Neubaustrecke LN 6 noch nicht in Betrieb.

Sammlung: Michel Buard

▲ Der Rekordzug, mit Aufklebern von Alstom, SNCF und RFF, bestand aus zwei Motorwagen und drei Doppelstock-Mittelwagen. Er war 106 m lang und verfügte über eine Leistung von 26 650 PS.

Sammlung: Michel Buard

7. DAS ROLLENDE MATERIAL

Die TGV-Garnituren bestehen aus zwei getrennten Triebköpfen und den Mittelwagen. Die Mittelwagen sind mit Jacobs-Drehgestellen ausgerüstet. Diese Technik garantiert eine hohe Stabilität, eine bisher unerreichte Laufruhe, und sie ist entgleisungssicher, da die Mittelwagen im Betrieb untrennbar sind. Alle TGV sind mindestens im Zweistromsystem ausgeführt, um auf den Hochgeschwindigkeitsstrecken mit 25 kV/50 Hz Wechselspannung und auf den landesüblichen Strecken mit 1500 V Gleichstrom fahren zu können. Zwei TGV-Züge lassen sich mittels der so genannten Scharfenberg-Kupplung zu Doppelzügen verbinden. Damit besteht die Möglichkeit, Flügelzüge zu fahren. Neben den Radsätzen der Triebköpfe werden die äußeren Radsätze der angrenzenden Mittelwagen angetrieben.

▲ Zwischen allen Mittelwagen befinden sich Jacobs-Drehgestelle, die eine hohe Stabilität und eine sehr gute Laufruhe garantieren.

▲ Alle TGV-Baureihen sind auch mit der Scharfenberg-Kupplung ausgerüstet.
Foto: Pascal Letzelter

TGV »Paris-Sud-Est«

Von der ersten Generation der TGV »PSE« (»Paris-Sud-Est«) wurden 109 orange lackierte Züge gebaut. Die Züge 1 bis 98 und 100 bis 102 sind 200,20 m lang, die meisten verfügen über jeweils 386 Sitzplätze, und sie sind für zwei Stromsysteme ausgelegt. Die Nummer 99 wurde nicht vergeben. Neun Einheiten, 33 bis 38 und 100 bis 102, waren reine Erste-Klasse-Züge mit 287 Sitzplätzen. Die Züge 110 bis 118 wurden mit einem Dreistromsystem ausgerüstet, sie fahren in die Schweiz nach Lausanne, Bern und Zürich. Zwei Einheiten (Nr. 112 und 114) wurden übrigens von den SBB erworben.

1990 erhielt ein Teil der Einheiten Teilausbesserungen, z. B. mit neuen Sitzen, besseren Laufeigenschaften und mehr Leuchtanlagen. Neun Jahre später wurde eine zweite Gruppe modernisiert, um hauptsächlich auf der LGV »Méditerranée« verkehren zu können. Ein Mittelwagen Erster Klasse wurde in einen Zweite-Klasse-Wagen umgewandelt, auch die Bar wurde verbessert.

Nunmehr einheitlich auch in silberfarben und blau lackiert sind die TGV »PSE« in drei Gruppen gegliedert:
· Die 9 Einheiten der ersten Gruppe werden als »Bour-

▲ Generationstreffen: Im September 1983 begegnen sich bei Montereau Dampflok 140 C 231 mit einem Sonderzug und ein Triebzug der Bauart TGV »Sud-Est«.

85

▲ Unweit der schweizerischen Grenze fahren die Dreisystemzüge vom Typ »PSE« nach Lausanne. Diese Verbindung wird von der Firma »Lyria« vermarktet. Das Foto wurde im Juni 2002 aufgenommen.
Foto: Camille Bruneau

TGV »Paris-Sud-Est« auf einen Blick

Gebaute Züge:	109
Nummerierung:	01 bis 98, 100 bis 118 (ex 88). Nr. 99 wurde nicht vergeben. (112 und 114 SBB)
Indienststellung:	ab 1981
Höchstgeschwindigkeit im Planverkehr:	300 km/h, einige Triebzüge 270 km/h
Mittelwagen je Einheit:	8
Maximale Leistung:	6300 kW
Stromsysteme:	25 kV/50 Hz Wechselspannung, 1,5 kV Gleichspannung und 15 kV/16,7 Hz (für den Einsatz in der Schweiz)
Zugleitsystem:	TVM 300, nach Modernisierung TVM 430
Länge eines Zuges:	200,20 m
Leergewicht:	409 Tonnen und 428 Tonnen
Anzahl der Sitzplätze:	386, reine Erste-Klasse-Züge 287, nach Umbauten 345.
Beheimatung:	Betriebswerke Paris-Sud-Est und Le Landy bei Paris Nord.
Befahrene Verbindungen:	Die »PSE Renov 1« bedienen Paris–Châlon, Genève, Annecy via Chambery oder Culoz, Grenoble, Avignon, Miramas, Melun–Marseille, Genève–Nice und Montpellier, Dijon–Marseille und Nice, Metz–Nice und Strasbourg–Marseille. Die bei Le Landy beheimateten Züge verkehren auf den Verbindungen Lille–Bordeaux, Lille–Besançon oder Lille–Bordeaux–Toulouse und Lille–Nantes/Rennes. Die Dreisystem-TGV fahren auf den Kursen Paris–Lausanne, Paris–Bern, Paris–Zürich.

gogne« oder »Franche-Comté« bezeichnet, sie erreichen eine maximale Geschwindigkeit von 270 km/h und verkehren zwischen Paris und Dijon/Besançon.
- Die 47 Einheiten der zweiten Gruppe fahren nach Genf oder nach Lyon, mit einer maximalen Geschwindigkeit von 300 km/h.
- Die 42 Einheiten mit geänderten Erste-Klasse-Sitzen der dritten Gruppe können ebenfalls mit maximal 300 km/h fahren.

Viele Garnituren erhalten ab 2009 eine Generalüberholung. Anzumerken ist noch, dass die Einheit 38 in einen »La Poste«-Zug, die Einheit 88 in einen Dreistromsystemzug als Nr. 118 umgebaut wurden und dass die Einheit 10 für Neigetechnik-Versuche als P 01 »Démonstrateur Pendulaire« verwendet wird.

Die Einheiten »Rénov 2« wurden bei deren Modernisierung mit einem neuen Stromabnehmer ausgerüstet, um auf der Ausbaustrecke südlich von Tours mit maximal 220 km/h fahren zu können.

▲ Eine Garnitur von TGV »PSE«, in ursprünglicher Lackierung, durchfährt auf seinem Kurs Grenoble–Paris den Bahnhof Moirans, aufgenommen im Juli 1986.

▲ Zwei Lackierungen auf einem Bild: Die erste Garnitur zeigt bereits die silber/blauen Farben während die zweite Garnitur noch das alte Kleid trägt. Beide Einheiten wurden im Mai 1998 bei Avignon auf der alten PLM-Strecke aufgenommen. Foto: Philippe Caudron

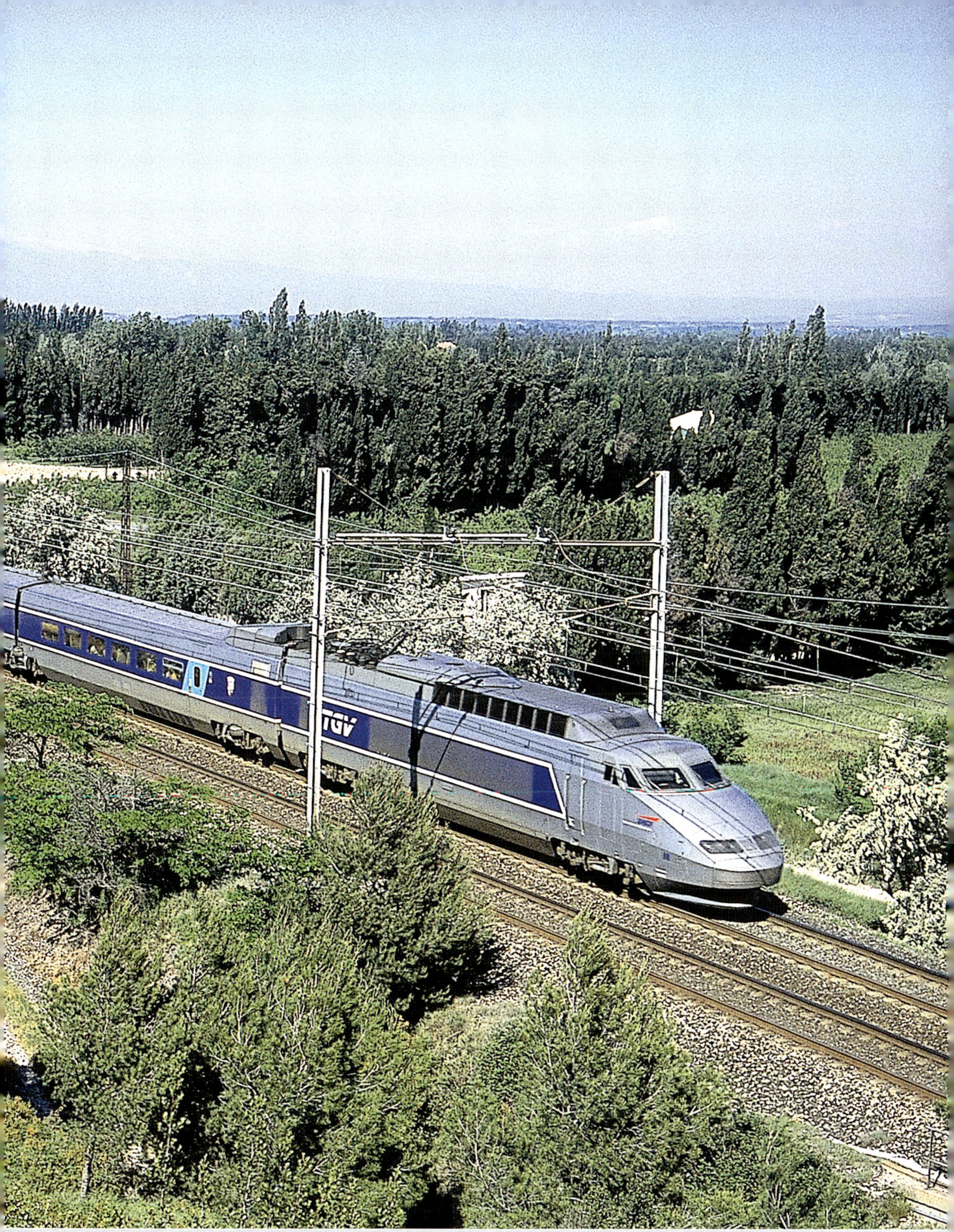
TGV

TGV »Atlantique«

Die SNCF wollte die zweite TGV-Generation farblich nicht der ersten Generation angleichen, weshalb auf die Farbe orange verzichtet wurde. Die Züge wurden von Anfang an silberfarben und blau lackiert. Allerdings trugen die ersten beiden ausgelieferten Züge ein weiß-blaues Kleid. Sie wurden später den anderen Zügen angepasst.

Vom TGV »Atlantique« wurden ab 1988 105 Einheiten produziert. Hersteller war Alsthom-Atlantique. Die mit zehn Mittelwagen und zwei Triebköpfen zusammengesetzten Garnituren wurden alle als Zweistromsystemzüge ausgestattet. Sie verfügen über eine Leistung von 8800 kW. 485 Reisende können in einem Zug befördert werden.

Alle TGV »Atlantique« erhalten eine Modernisierung der Inneneinrichtung, kreiert vom Modestar Lacroix. Ein beträchtlicher Teil des Bestandes wird mit dem Zugleitsystem TVM 430 ausgerüstet, dadurch wird eine Erweiterung der Zielbahnhöfe ermöglicht.

TGV »Atlantique« auf einen Blick

Gebaute Züge:	105
Nummerierung:	301 bis 405
Indienststellung:	ab 1989
Höchstgeschwindigkeit im Planverkehr:	300 km/h
Mittelwagen je Einheit:	10
Maximale Leistung:	8800 kW
Stromsysteme:	25 kV/50 Hz Wechselspannung und 1,5 kV Gleichspannung
Zugleitsystem:	TVM 300 (einige Züge auch TVM 430)
Länge eines Zuges:	237,60 m
Leergewicht:	479 Tonnen
Anzahl der Sitzplätze:	485
Beheimatung:	Betriebswerk Châtillon bei Paris.
Befahrene Verbindungen:	Paris–Nantes, Paris–Bordeaux/Irun oder Toulouse, einige »Atlantique«-Einheiten auch Paris–Grenoble via LN 1, Paris–Genf, Nantes–Marseille, Lille–Rennes oder Lille–Bordeaux, die mit TVM 430 ausgerüsteten Einheiten Rennes–Lyon und Nantes–Grenoble.

▲ Nach Abkopplung der ersten Garnitur, die weiter nach Nantes fährt, verlässt die zweite TGV Atlantique-Garnitur Le Mans mit Rennes als Ziel, aufgenommen im Oktober 1998.

TGV »Réseau«

Da die TGV »Paris-Sud-Est« und »Atlantique« nicht für einen landesweiten Einsatz, also für alle Strecken in Frankreich, geeignet waren, kam es zur Entwicklung der dritten Generation. Diese unter dem Namen »Réseau« (Netz) gebauten Züge verfügen nur über 8 Mittelwagen. Sie sind in zwei Varianten ausgeführt:
- die Züge 501 bis 550 mit Zweistromsystem
- die Züge 4501 bis 4530 mit Dreistromsystem

Die Einheiten 4501 bis 4506 sind speziell für den Verkehr nach Italien bestimmt und dementsprechend zusätzlich mit Komponenten des italienischen Sicherungssystems versehen. Sie können bis Mailand fahren.

Insgesamt sind noch 78 TGV »Reseau«-Einheiten vorhanden, davon 29 Dreisystemzüge.

Am 26. Mai 2001 hat ein »Réseau«-Triebzug die Verbindung Calais–Marseille ohne Halt in 3 Stunden 29 Minuten zurückgelegt.

Die Familie der TGV »Réseau« hat inzwischen einige Veränderungen erfahren. Aus 32 Triebköpfen und neugebauten »Duplex«-Doppelstockmittelwagen wurden z. B. 16 neue Einheiten gebildet. Die freigesetzten »Réseau«-Mittelwagen wiederum werden mit neuen »POS«-Mo-

▲ Die Garnitur 4501 vom Typ »Réseau« als Dreisystemzug hat den Bahnhof von Torino-Porta Susa erreicht, aufgenommen im Mai 2006. Die Reise wird bis Milano fortgesetzt. *Foto: Camille Bruneau*

▲ Ankunft eines TGV »Réseau« aus Paris Gare du Nord im Bahnhof Brüssel-Süd. Begegnung mit einer belgischen Elektrolok Baureihe 15, die lange Zeit für die Bespannung von TEE-Zügen zuständig war. Das Foto wurde im Februar 1995 aufgenommen.

▲ Die TGV-Verbindungen nach Luxembourg und Strasbourg werden von modernisierten TGV »Réseau« wahrgenommen. Die Aufnahme zeigt die farbenfrohe Gestaltung eines Zweite-Klasse-Mittelwagens.
Foto: Pascal Letzelter

TGV »Réseau« auf einen Blick

Gebaute Züge:	80
Nummerierung:	501 bis 550 und 4501 bis 4530
Indienststellung:	ab 1991
Höchstgeschwindigkeit im Planverkehr:	320 km/h
Mittelwagen je Einheit:	8
Maximale Leistung:	8800 kW
Stromsysteme:	25 kV/50 Hz Wechselspannung, 1,5 kV und 3 kV Gleichspannung
Zugleitsystem:	TVM 430
Länge eines Zuges:	200,20 m
Leergewicht:	388 Tonnen
Anzahl der Sitzplätze:	377
Beheimatung:	Betriebswerk Le Landy bei Paris Pantin-Ourcq
Befahrene Verbindungen:	Gesamtstreckennetz in Frankreich, Belgien, Italien (Dreisystemzüge), Paris–Strasbourg/Luxembourg

torwagen verbunden. Die modernisierten Züge sind nun in einer neuen Farbvariante lackiert, das blaue Feld ist vergrößert worden.

Die Kurse nach Strasbourg und Luxembourg werden von umbeheimateten, nach dem »Lacroix«-Vorbild modernisierten TGV »Réseau« gefahren. Seit der Inbetriebnahme der LGV »Est-Européen« bedienen solche Züge zum Beispiel auch die Kurse nach Remiremont und Sedan.

▲ Ein TGV von La Poste rollt auf der alten PLM-Strecke nach Paris. Er wurde im Dezember 2002 in Gadagne unweit von Cavaillon fotografiert.
Foto: Camille Bruneau

TGV »Postal«

Die französische Post (La Poste) beschaffte aus der Serie TGV »PSE« zwei Züge plus einen Triebkopf als Reserve. Bei einer Geschwindigkeit von 270 km/h können bis zu 61 Tonnen Post in den 8 Mittelwagen befördert werden. Im Jahr 1994 wurde die Einheit 38 zum damit dritten Postzug umgebaut.

Die TGV »Postal« befördern als wohl schnellste Güterzüge der Welt Briefe für die französische La Poste, aber auch kleine Pakete und Zeitungen. 342 rollende Behälter passen in die 8 Mittelwagen. Die TGV sind zwar im Besitz der Postverwaltung, werden aber von SNCF-Lokführern gefahren. Alle TGV »Postal« haben einen gelben Anstrich, sie sind damit weithin zu erkennen.

In November 2006 vereinbarten La Poste und SNCF den künftigen Einsatz neuer TGV Güter- und Postzüge. Dies wird wohl der erste Schritt zu einem umfassenden Schnellgüterverkehrnetz sein. Wann es aber dazu kommen wird, ist zurzeit noch offen.

TGV »Postal« auf einen Blick

Gebaute Züge:	2,5 (also 5 Triebköpfe), ein dritter Zug (ex TGV-PSE) wurde nachträglich umgebaut
Nummerierung:	keine
Indienststellung:	ab 1983
Höchstgeschwindigkeit im Planverkehr:	270 km/h
Mittelwagen je Einheit:	8
Maximale Leistung:	6450 kW
Stromsysteme:	25 kV/50 Hz Wechselspannung und 1,5 kV Gleichspannung
Zugleitsystem:	TVM 300
Länge eines Zuges:	200,20 m
Leergewicht:	345 Tonnen
Sitzplätze:	keine
Beheimatung:	Betriebswerk Villeneuve-St. Georges

▲ Dieser mit neuer Lackierung versehene TGV »La Poste« wurde im September 2006 in Villeneuve-St. Georges aufgenommen.
Foto: Pascal Letzelter

TGV »Eurostar«

Die TGV »Eurostar«, auch als »Transmanche Super Train« (TMST) bekannt, verkehren zwischen Paris/Brüssel und London. Saisonal, in der Winterzeit, fahren die eleganten Züge auch nach Marseille oder in die französischen Alpen nach Bourg St. Maurice. Neun Einheiten wurden speziell für den Betrieb unter 1,5 kV nachgerüstet.

Obwohl der TGV-TMST mit maximal 300 km/h fahren kann, wird die Geschwindigkeit während der Durchfahrt des Kanaltunnels auf 160 km/h begrenzt. Angetrieben werden die 18 Mittelwagen von zwei Triebköpfen, das dem Triebkopf folgende Drehgestell am Mittelwagen ist ebenfalls motorisiert.

Drei Eurostar-Einheiten (3203+3204/3225+3226/3227+3228) werden von der SNCF als normale TGV auf inländischen Kursläufen eingesetzt.

2003 hat ein Triebzug die Geschwindigkeit von 334,7 km/h erreicht, sie gilt als britischer Rekord.

Außer den beschriebenen »Eurostar«-Einheiten wurden auch 7 kürzere Garnituren (3301-3314) gebaut, gekennzeichnet als »North of London« (NOL). Sie verkehren auf Intercity-Linien in Großbritannien.

TGV »Eurostar« auf einen Blick

Gebaute Züge:	31 (11 »Eurostar« UK, 4 SNCB,16 SNCF)
Nummerierung:	3001 – 3022 (»Eurostar« UK), 3101 – 3108 (SNCB), 3201 – 3232 (SNCF)
Indienststellung:	ab 1994
Höchstgeschwindigkeit im Planverkehr:	300 km/h
Mittelwagen je Einheit:	18
Maximale Leistung:	12200 kW
Stromsysteme:	25 kV/50 Hz Wechselspannung, 3 kV und 750 V, 9 Züge zusätzlich auch 1,5 kV Gleichspannung.
Zugleitsystem:	TVM 430
Länge eines Zuges:	394 m
Leergewicht:	752 Tonnen
Sitzplätze:	750
Beheimatung:	Betriebswerke Le Landy bei Paris, North Pole/London und Forest/Brüssel.
Befahrene Strecken:	LGV Nord-Europe–Paris-Sud-Est–Rhône-Alpes–Méditerranée.

▲ Auf der Fahrt nach London wurde ein TGV »Eurostar« im Juni 1995 auf freier Strecke aufgenommen.

▲ Im Bahnhof Lille-Flandres wartet die Einheit 3204+3203 auf die Abfahrt nach Paris. Die Garnitur hat eine abweichende Lackierung erhalten und trägt ein großes TGV-Logo. Das Foto stammt von April 2004.   Foto: Michel Destombes

▲ Ein TGV »Thalys PBA« wurde im Juli 2005 südlich von Bordeaux während einer Sonderfahrt aufgenommen.   Foto: Michel Buard

TGV »Thalys PBA«

Infolge des Baus der LN 3, LGV Nord-Europe, mit Anschluss zum Kanaltunnel und zum belgischen Schienennetz bis Brüssel wurden natürlich auch international einsetzbare Triebzüge benötigt. Für die Verbindungen nach England wurden die TGV »Eurostar« beschafft.
Nach Brüssel und Amsterdam wurden die mit drei Stromsystemen ausgerüsteten TGV »Réseau« eingesetzt. Für den Betrieb dieser Züge wurde die Bahngesellschaft »Thalys International« gegründet, eine Kooperation zwischen SNCF (Frankreich), SNCB (Belgien), NS (Niederlande), später auch DB AG.
Als PBA (Paris–Brüssel–Amsterdam) gekennzeichnet, sind die 10 mit einer rot-silberfarbener Lackierung versehenen Einheiten zusätzlich mit der holländischen Zugsicherung ATB ausgerüstet. Hauptsächlich verbinden die »PBA«-Einheiten Paris und Amsterdam, aber im Sommer werden auch durchgehende Verbindungen von Brüssel nach Marseille und im Winter in die französischen Alpen angeboten.
Zwischen Paris Nord und dem umgebauten Bahnhof Brüssel-Süd verkehren »PBA«-mit »PBKA«-Zügen in Doppeltraktion aber auch mit silbergrau/blau lackierten TGV »Réseau«-Einheiten.

TGV »Thalys PBA« auf einen Blick

Gebaute Züge:	10
Nummerierung:	4531 bis 4540
Indienststellung:	ab 1996
Höchstgeschwindigkeit im Planverkehr:	320 km/h
Mittelwagen je Einheit:	8
Maximale Leistung:	8800 kW
Stromsysteme:	25 kV:50 Hz Wechselspannung, 1,5 kV und 3 kV Gleichspannung
Zugleitsystem:	TVM 430
Zuglänge:	200,20 m
Leergewicht:	386 Tonnen
Sitzplätze:	377
Beheimatung:	Betriebswerk Le Landy bei Paris
Befahrene Verbindungen:	Paris–Brüssel, Paris–Amsterdam, im Sommer Brüssel–Marseille

▲ Die TGV »Thalys PBA« verkehren zwischen Paris, Brüssel und Amsterdam. Die Aufnahme von Mai 1998 zeigt die kürzlich eingefahrene Garnitur 4536.

▲ Ein TGV »Thalys PBKA« hat Köln in Richtung Paris Gare du Nord verlassen, aufgenommen im Mai 1998.

Foto: Camille Bruneau

TGV »Thalys PBKA«

Die Erweiterung des Thalys-Netzes hatte die Beschaffung von neuen Vierstromsystem-Einheiten zur Folge, die als »Thalys PBKA« (Paris–Brüssel–Köln–Amsterdam) bezeichnet werden. Diese Züge erwiesen sich um 50 % teurer als die »PBA«-Garnituren. Deshalb wurden nur 17 Einheiten beschafft: 2 Züge wurden von der DB AG finanziert, 2 von NS, 7 von SNCB und 6 von SNCF. Die Triebköpfe sind dem TGV »Duplex« ähnlich. Im Gegensatz zur Bezeichnung »PBKA« fahren diese Züge aber nur nach Deutschland bis Köln, zeitweise fuhren sie sogar bis Düsseldorf. Heute verkehren die »PBKA«-Einheiten aber nur noch auf der Verbindung Paris–Köln.

TGV »Thalys PBKA auf einen Blick

Gebaute Züge:	17
Nummerierung:	4301 bis 4307 (SNCB), 4321 und 4322 (DB), 4331 und 4332 (NS) und 4341 bis 4346 (SNCF)
Indienststellung:	ab 1997
Höchstgeschwindigkeit im Planverkehr:	320 km/h
Mittelwagen je Einheit:	8
Maximale Leistung:	8800 kW
Stormsysteme:	25 kV/50 Hz und 15 kV/16,7 Hz Wechselspannung, 1,5 kV und 3 kV Gleichspannung
Zugleitsystem:	TVM 430
Zuglänge:	200, 20 m
Leergewicht:	416 Tonnen
Sitzplätze:	377
Beheimatungen:	Betriebswerke Le Landy (SNCF), Forest bei Brüssel (SNCB).
Befahrene Verbindungen:	Paris–Köln

▲ Die Einheit »PBKA« 4344 steht abfahrbereit im Pariser Gare du Nord, aufgenommen im Juni 1998.

TGV »Duplex«

Die steigenden Fahrgastzahlen auf der Neubaustrecke Paris-Sud-Est veranlasste die SNCF, schon ab 1987 über einen Triebzug mit vergrößertem Platzangebot nachzudenken. Die entsprechenden Entwicklungsarbeiten führten schließlich zum TGV »Duplex«, einem Zug, der sich aus zwei Triebköpfen und 8 Doppelstock-Mittelwagen zusammensetzt. Um die zulässige Achslast nicht zu überschreiten, wurde die Aluminium-Leichtbauweise genutzt. So konnte die Achslast auf 17 t begrenzt werden.

Aus technischer Sicht wurde der TGV »Duplex« aus einem TGV »Réseau« mit verändertem Design der Triebköpfe entwickelt. Die Windschutzscheibe wurde nur noch einteilig gestaltet. Die Nutzung von Aluminium beim Bau der Wagenkästen hatte auch Auswirkungen auf die Konstruktionspläne für die neuen Antriebsköpfe. Die Lokführerkabine wurde mit einer Aufprallzone verstärkt, die auf einem Druck von 500 Tonnen ausgelegt ist.

Am 29. April 1995 wurden 350 Gäste zu einer ersten Testfahrt von Paris nach Lyon und zurück eingeladen. Geprüft werden sollte vor allem die Akzeptanz diverser Einrichtungen, um die Ergebnisse noch in den Serienbau einfließen zu lassen.

Einige Monate danach wurde der Vorserienbau des TGV »Duplex« im Plandienst eingesetzt. Vom 20. bis 24. Dezember 1995 und von 15. Januar bis 2. Februar 1996 lief die Garnitur als TGV 853 Paris–Montpellier und als TGV 866 Montpellier–Paris.

Weitere »Duplex«-Triebzüge sind zurzeit im Bau, mit ihrer Auslieferung ist 2008 zu rechnen. Züge, die erst kürzlich bestellt wurden, werden ab 2009 ausgeliefert.

TGV »Duplex« auf einen Blick

Gebaute Züge:	89 (Stand: 1/07)
Nummerierung:	201-230/231-282/283-289 > 701 bis 789
Indienststellung:	ab 1996
Höchstgeschwindigkeit im Planverkehr:	320 km/h
Mittelwagen je Einheit:	8
Maximale Leistung:	8800 kW
Stromsysteme:	25 kV/50 Hz Wechselspannung, 1,5 KV Gleichspannung
Zugleitsystem:	TVM 430
Länge eines Zuges:	200,20 m
Leergewicht:	380 Tonnen
Sitzplätze:	545
Beheimatung:	Betriebswerk Villeneuve-St. Georges bei Paris.
Befahrene Verbindungen:	Paris–Marseille, Nice, Toulon, Montpellier, Perpignan und auch zwischen Lille–Marseille, Rennes–Marseille, Le Havre–Marseille, Lille–Montpellier, Lille–Perpignan. Alle Züge auf den Kursen Paris–St. Etienne und Paris–Marseille. Zeitweise wird auch Grenoble bedient.

▲ Der »Duplex«-Zug Nr.288 hat eine Sonderlackierung erhalten u

▲ Ein »Duplex«-Zug verlässt im April 2006 den Bahnhof von Avignon TGV. Foto: Camille Bruneau

irbt für eine Ausstellung von Bildern des berühmten Malers Cézanne. Die Aufnahme stammt von September 2006. Sammlung: Michel Buard

▲ Ein TGV »POS« wurde im April 2007 während einer Testfahrt auf der Neubaustrecke LN 6 aufgenommen. *Sammlung: Michel Buard*

▲ Eine Sonderfahrt mit einer »POS«-Garnitur auf der Neubaustrecke LN 6, aufgenommen im März 2007. Derartige TGV fahren regelmäßig nach Stuttgart und Zürich. *Sammlung: Michel Buard*

TGV »Est-Européen« (POS)

Mit der Eröffnung der LN 6, LGV »Est-Européen«, wurden neue Internationale Verbindungen nach Süddeutschland und in die Schweiz geschaffen. Die 19 eingesetzten Garnituren sind mit 38 neuen Triebköpfen und 152 generalüberholten »Réseau«-Mittelwagen bestückt.

Die Motorwagen entsprechen dem Typ »Duplex«, weisen aber einige Neuheiten auf. Im Unterschiede zu den »Thalys PBKA« erhielten die TGV »POS« eine komplett neue Traktionseinrichtung mit einer Leistung von 9280 kW sowie eine Ausrüstung mit Magnetschienenbremsen, um in Deutschland fahren zu dürfen. »POS«-Züge sind in Deutschland für Geschwindigkeiten bis 250 km/h zugelassen. Alle Züge verfügen für den Einsatz in Deutschland und Frankreich über die erforderlichen Zugsicherungssysteme. Laut EU-Interoperabilitätsrichtlinien sind sie mit dem internationalen Zugleitsystem ERTMS 2 (European Rail Traffic Managment System) und digitalem Zugfunk (GSM-R) ausgerüstet.

Mit drei Stromsystemen ausgeführt, können die TGV »POS«-Züge unter dem in Deutschland üblichen Wechselspannungssystem 15 kV/16 2/3 Hz und unter den beiden in Frankreich gebräuchlichen Spannungssystemen 25 kV/50 Hz (in Nord- und Ost-Frankreich) und 1,5 kV fahren.

TGV »Est-Européen« auf einen Blick

Anzahl der Züge:	19
Nummerierung:	4401 bis 4419
Indienststellung:	2007
Höchstgeschwindigkeit:	320 km/h
Mittelwagen je Einheit:	8
Maximale Leistung:	9280 kW
Stromsysteme:	25 kV/50 Hz und 15 kV/16 2/3 Hz Wechselspannung, 1,5 kV Gleichspannung
Zugleitsystem:	TVM 430, ERTMS 2
Länge eines Zuges:	200,20 m
Leergewicht:	423 Tonnen
Sitzplätze:	360
Beheimatung:	Betriebswerk Pantin-Ourcq bei Paris
Befahrene Verbindungen:	Paris–Stuttgart und München, Paris–Basel–Zürich.

Im Rahmen ihres Anteils am TGV-Verkehr Frankreich–Schweiz hat die SBB den TGV »POS« 4406 gekauft. Die gesamte Garnitur bleibt jedoch im Betriebswerk Patin-Ourcq beheimatet.

8. WARTUNG UND REPARATUR DER TGV

Für einen sicheren Betriebsablauf sind die TGV besonders zu warten. Dafür zuständig sind 4 Betriebswerke und 2 Ausbesserungswerke.

Die ersten Schritte

Als im Jahre 1981 die ersten TGV »Paris-Sud-Est« in Dienst gestellt wurden, begann man mit der Wartung im Atelier de Maintenance de Paris-Sud-Est, kurz AMPSE genannt. Dieses Atelier wurde in zwei Teilen geschaffen: der erste befindet sich in Villeneuve-St. Georges und der zweite in Conflans.
Für die größeren Reparaturen war und ist das Ausbesserungswerk in Bischheim (Elsass) zuständig.
Die Wartung der Züge folgt einem Plan, der 4 Kategorien vorsieht. Die drei ersten Wartungsarten werden von den Betriebswerken ausgeführt:
1. Betriebsuntersuchungen
2. Periodische Untersuchungen
3. Tausch von abgenutzten Teilen.
Die Ausbesserungswerke zeichnen für
4. Große Reparaturen, Revision von Bauteilen, Untersuchungen an den Wagenkästen etc. verantwortlich.
Im Jahre 1989 wurde das Atelier du matériel TGV de Châtillon, bei Paris-Montparnasse, gebaut, um die TGV »Atlantique« zu warten. Es befindet sich auf dem Gelände von Montrouge, das damals als Abstellanlage von Reisezugwagen diente.
Das 1878 gegründete und 1934 erweiterte Betriebswerk Le Landy bei Paris Nord lieferte die Fundamente für das neue Werk. In Le Landy werden verschiedene TGV-Züge gewartet:
- TGV »Réseau« und TGV »PSE« (»Renov1«)
- »Eurostar«
- »Thalys PBKA«
- Forschungsmittelwagen »Mélusine«
- Reservetriebköpfe.

Die Depots

Die Depots – Betriebswerke – sind für folgende Wartungen zuständig:
- ES (examen de service): Betriebsuntersuchung nach maximal 5000 km Einsatz
- VOR (visite des organes de roulement): Untersuchung von Radsätzen alle 14 Tage, maximal nach 18 Tagen
- ECF (examen de confort): Wartung der Ausstattung ungefähr alle 10 Tage
- VL (visite limitée): begrenzte Untersuchung nach 150 000 km + 15 % Einsatz, der aber 7 Betriebsmonate nicht überschreiten darf
- VG (visite générale): generelle Untersuchung nach 300 000 km + 15 % Einsatz, der aber 13 Betriebsmonate nicht überschreiten darf
- GVG (Grande visite générale): Hauptuntersuchung mit 600 000 km +15 % Einsatz, der aber 25 Betriebsmonate nicht überschreiten darf
- ATS (Autres travaux systématiques): Wartungsarbeiten, die außerhalb der Systemuntersuchungen liegen

- Diverse Reparaturen
- Kleine Reparaturen nach Unfällen.

Heute – im Jahre 2007 – sind folgende Betriebswerke in Betrieb: Paris-Sud-Est, Châtillon, Le Landy und Pantin-Ourcq. Letzteres ist für die TGV »Est-Européen« zuständig, zusätzlich für Corail-Reisezugwagen.

Die Ausbesserungswerke

Zwei Werke – »Etablissement industriel de maintenance du matériel« (EIMM) – arbeiten ausschließlich für TGV: Bischheim in Elsass und Hellemmes in Nordfrankreich. Die Reparaturarbeiten gliedern sich wie folgt:
- Komfort- und ästhetische Verbesserungen, wie Beseitigung von Korrosionsschäden, Neulackierung und Erneuerung von Innenausstattungen
- Erneuerungen »mi-vie« (bei Halbzeit der Lebensdauer)
- Wichtige Umbauten
- Große Unfallreparaturen
- Tausch von abgenutzten Teilen.

Mittelwagen von TGV-Zügen werden zum Teil auch im EIMM in Romilly repariert, einem Ausbesserungswerk, das normalerweise auf Reisezugwagen spezialisiert ist.

Bischheim, das schon 1972 den TGV 001 betreute, ist für die Reparatur der TGV »PSE«, »La Poste« und seit 1988 auch der TGV »Atlantique« zuständig. Hellemmes, früher mit der Reparatur von Dampflokomotiven beschäftigt, führt die Reparaturen von TGV »Réseau«, »Thalys PBA« und »Thalys PBKA«, »Eurostar/Transmanche« und »Duplex« aus. Dieses Ausbesserungswerk hatte auch die Rekonstruktionen »Renov 1« und »Renov 2« (Stufen 1 und 2) der TGV »PSE« übernommen.

▲ Zwei TGV »Réseau« und ein TGV »Duplex« wurden im September 2006 in Villeneuve-St. Georges aufgenommen. Foto: Pascal Letzelter

Hochmodernes Betriebswerk in Pantin bei Paris

Für die Wartung und Instandsetzung vor allem der neuesten TGV-Generationen wurde in Pantin-Ourcq bei Paris auf einer Fläche von 23 000 m² ein hochmodernes Wartungszentrum gebaut. Das als »Technicentre« bezeichnete Betriebswerk wurde 2006 eröffnet. Hier werden 52 TGV-Einheiten gewartet, davon die 19 TGV »Est-Européen«, die nach Deutschland und in die Schweiz fahren. Alle 72 Stunden wird eine Untersuchung durchgeführt, die Pantographen der Triebköpfe werden alle 37 Tage kontrolliert.

In Pantin-Ourcq werden außer den TGV-Einheiten auch 140 Corail-Wagen gewartet und repariert, die auf den von Paris Est ausgehenden Normalstrecken eingesetzt werden.

▲ Dieser »Eurostar« wurde im Dezember 1992 bei einem »Tag der offenen Tür« im Betriebswerk Le Landy 1992 aufgenommen.
Foto: Pascal Letzelter

▲ Gesamtansicht des Ausbesserungswerkes in Bischheim (Elsass). Verschiedene TGV »Sud-Est«-Einheiten warten auf die Zuführung nach Paris. Das Foto wurde im Juni 1981 aufgenommen.

▲ In Villeneuve-St. Georges sind mehrere Hebebühnen zur Untersuchung der Triebzüge installiert. Aufgenommen wurde dieses Foto im Mai 2006.

Foto: Pascal Letzelter

▲ Blick in die Hallen des Betriebswerkes in Villneuve-St. Georges, wo TGV »Sud-Est« gewartet werden. Die Aufnahme stammt vom September 1981.
Foto: Christian Deny

▲ Hochmodern: das »Technicentre Est-Européen« in Pantin-Ourcq bei Paris, das für die Wartung der TGV »POS« und »Réseau« zuständig ist, aufgenommen im April 2006.
Foto: Pascal Letzelter

▲ Die ehemalige Einheit 4530 vom Typ »Réseau« wurde zum Testzug umfunktioniert. Sie fährt nun als »Iris 320« für die Netzsparte

Infra« der SNCF. Das Foto wurde im September 2006 aufgenommen. Foto: Pascal Letzelter

▲ In Paris-Conflans sind mehrere TGV abgestellt. Rechts und in der Mitte sieht man zwei modernisierte TGV »Sud-Est«, hinten erkennt man noch einen TGV »La Poste«, der auf seinen nächsten nächtlichen Einsatz wartet, aufgenommen im September 2006.

Foto: Michel Buard

▲ Im »Technicentre Est-Européen« werden 33 TGV »Réseau« und 19 »POS«-Triebzüge gewartet und repariert. Beachtenswert ist die helle Ausstattung des Betriebswerkes, aufgenommen im April 2006.

Foto: Pascal Letzelter

9. NEUE SICHERUNGS- TECHNIK

Ab einer Geschwindigkeit von 200 km/h ist die klassische Führung des Zuges mittels fest installierter Lichtsignale entlang der Strecke nicht mehr möglich. Das hohe Tempo auf Hochgeschwindigkeitsstrecken erforderte neue Lösungen in der Sicherungstechnik. Das Ergebnis: Den Triebzugführern der TGV werden alle erforderlichen Informationen direkt in den Führerstand signalisiert.
Das entsprechende System heißt in Frankreich »TVM« (Transmission-Voie-Machine).
Der große Vorteil von TVM besteht darin, dass der Zugverkehr auch bei schlechter Sicht ohne Einschränkungen abgewickelt und die Zugdichte erhalten werden können.
Die TVM-430-Ausrüstung signalisiert in einem TGV-Führerstand die Geschwindigkeit, die am Ende des Blockabschnittes erreicht werden muss. Dabei können 300, 270, 220, 160, 80 km/h und 000 (Halt) angezeigt werden. Für Nothaltaufträge erscheinen drei rote Felder.
Wenn TGV auf Standardstrecken verkehren, gilt selbstverständlich auch das normale Signalsystem.
In den TGV »Thalys«, «Eurostar« und TGV »„Réseau« nach Belgien oder Italien, sowie in den TGV der Firma »Lyria« und TGV «POS» nach Deutschland und in die Schweiz sind die entsprechenden landesüblichen Sicherungssysteme eingebaut, um auf den Strecken dieser Länder ohne sicherungstechnische Probleme verkehren zu können.

▲ Da die TGV auch auf Standardstrecken fahren, sind sie sicherungstechnisch darauf eingestellt. Die Aufnahme zeigt einen Zug bei der Einfahrt im Bahnhof Aix les Bains, der mit konventionellen Lichtsignalen ausgerüstet ist.

▲ In diesem Raum wird die Neubaustrecke »Paris-Sud-Est« überwacht und gesteuert. Oben können die fahrenden Züge verfolgt werden, unten wird die Stromzuführung kontrolliert.

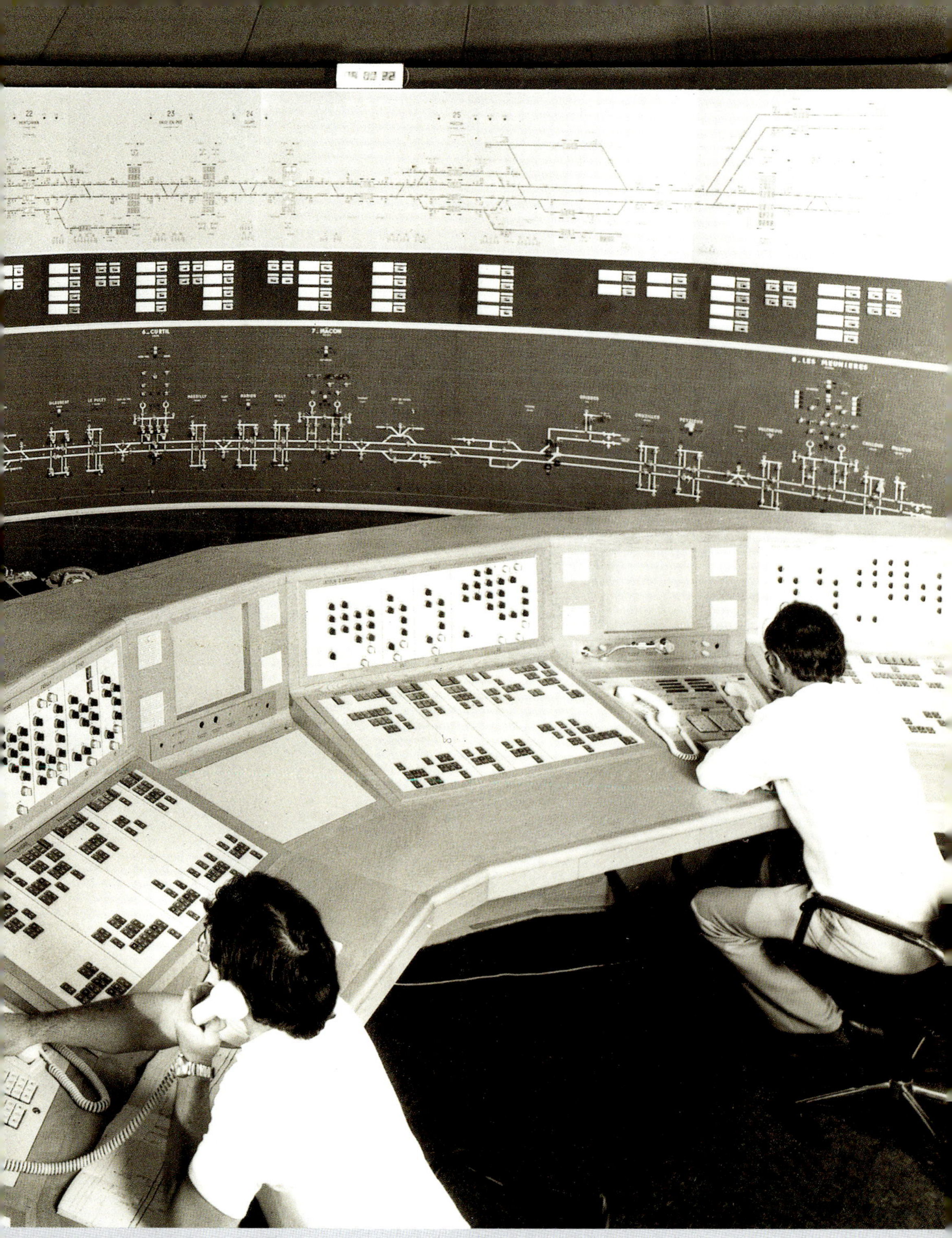
6_CURTIL
7. MACON

▲ Das Schild markiert den Anfang bzw. das Ende eines Blockabschnittes, »Repère« genannt. Auf der LGV »Atlantique« (TVM 300) beträgt ein solcher Blockabschnitt 2 km, bei den anderen LGV-Neubaustrecken, die über TVM 430 verfügen, sind es 1,5 km.

▲ Ein TGV »Eurostar« fährt auf seinem Weg nach London an einem Signal vorbei, das einen neuen Blockabschnitt kennzeichnet. Bei einem Halt muss der Triebzugführer entsprechend den am Pult des Führerstandes signalisierten Informationen reagieren.

Foto: Michel Destombes

▲ Am Anfang der Neubaustrecke LN 6 »Est-Européen« bei Vaires weist ein Signal »CAB« (cabine) darauf hin, dass die im Führerstand befindliche Signalisierung Geltung hat. Foto von Juni 2006.

Foto: Pascal Letzelter

▲ Innenansicht eines »Thalys«-Triebkopfes. Die Geschwindigkeitsanzeige befindet sich im Blickfeld des Triebfahrzeugführers.

▲ Zwei TGV-Atlantique im Juli 1998 auf dem Weg nach Lyon. Beide Züge, aus Nantes und Rennes kommend, wurden in Le Mans gekoppelt. Sie sind mit TVM 300 gerüstet.

10. DIE ZUKUNFT

In Frankreich ist man sich einig: das Hochgeschwindigkeitsnetz muss erweitert werden. Immer wieder ergeben sich jedoch politische und technische Hürden, die wichtige Projekte in ihrer Entwicklung verzögern. Aber es befinden sich auch Projekte im Bau oder in fester Planung. Dank der Liberalisierung werden künftig auch private TGV auf den Hochgeschwindigkeitsstrecken verkehren. Es haben sich bereits verschiedene Anbieter beworben.

Neue Hochgeschwindigkeitsstrecken

In den nächsten Jahren werden mehrere Neubaustrecken entstehen. Die Strecke Perpignan–Figueras (Spanien) soll 2009 und Nîmes–Montpellier 2013 in Betrieb gehen. 2009 soll auch die neue Verbindungsstrecke Bourg–Bellegarde eröffnet werden, um den Zugbetrieb nach Genf zu erleichtern und um auch die Züge Brüs-

▲ Solche Aufnahmen (September 2000) werden in einigen Jahren Geschichte sein. Ein TGV vom Typ »Réseau« verlässt Béziers in Richtung Narbonne.
Foto: Camille Bruneau

▲ Der Gesamtverkehr nach Nantes und Rennes wird über Le Mans geführt. In der Zukunft werden nur bestimmte Züge Le Mans verbinden. Die Aufnahme von Dezember 1997 zeigt die Ankunft eines TGV »Atlantique« in Le Mans.

sel–Genf wieder zu etablieren.

Auf der LGV Rhin-Rhône sind die Bauarbeiten in vollem Gange. Wenn keine besonderen Schwierigkeiten auftreten, soll die Strecke 2011 teilweise in Betrieb gehen. Neben dieser wichtigen LGV Rhin-Rhône befinden sich mehrere Projekte noch in der Planungsphase. Eine 182 km lange Neubaustrecke soll nach Rennes (Bretagne) mit einer Umfahrung von Le Mans gebaut und voraussichtlich 2012/2013 eröffnet werden. 2012 wird auf der LGV Est das Teilstück Baudrecourt–Vendenheim bei Strasbourg übergeben. Über den Bau dieser Teilstrecke war Anfang 2007 entschieden worden. Wenn alles reibungslos verläuft, werden die Züge Paris und Strasbourg dann noch schneller verknüpfen als es bisher schon der Fall ist. Der Bau der zweiten Rheinbrücke in Kehl wird vor allem den Relationen nach Stuttgart und München zugute kommen.

Réseau Ferré de France, für das Netz der SNCF zuständig, plant weitere Projekte, wie die LGV Sud Europe Atlantique mit Angoulême–Bordeaux (Eröffnung 2013) und Tours Nord–Angoulême (2016) sowie die Neubaustrecke Poitiers–Limoges (2016). Letztere Strecke ist heute aber ebenso wenig fest geplant wie die Verbindung Bordeaux–Toulouse.

Eine Hochgeschwindigkeitsneubaustrecke könnte auch Marseille mit Nizza im Zeitraum 2015 bis 2020 verbinden.

Güterschnellverkehr

Die französische Post betreibt die gelben Posttriebzüge zwischen Paris und Lyon seit dem 1. Oktober 1984. Der Betrieb wurde zehn Jahre später bis Cavaillon, südlich von Lyon, erweitert. Dazu war ein zusätzlicher Triebzug erforderlich. Er wurde aus dem »PSE«-Triebzug Nr. 38 gewonnen, anschließend umgebaut und gelb lackiert. Die französische Postverwaltung ist mit dem Einsatz der TGV »Postal« sehr zufrieden, zumal dadurch täglich mehrere Posttransporte mit Flugzeugen eingespart werden.

Obwohl als wichtiger Fortschritt erkannt, haben reine Güter-TGV bisher das Planungsstadium noch nicht verlassen. Da aber die Liberalisierung zu einer verschärften Konkurrenzsituation im Bahnverkehr geführt hat, denkt die SNCF-Gruppe wieder intensiver über einen Einsatz von Güter-TGV nach. Mit einer Lösung der Aufgabe ist die Güterverkehrssparte der SNCF »Fret SNCF« beauftragt.

▲ Gegenwärtig gibt es den Güter-TGV lediglich als Modell, oft auf Ausstellungen präsentiert.   Foto: Pascal Letzelter

»Fret SNCF« hat zurzeit große Sorgen, da das Güteraufkommen für die Bahn rückläufig ist. Deshalb ist in Hinblick auf die Belebung der Idee eines Güter-TGV mit einer schnellen Entscheidung zu rechnen. Auch Spediteure signalisieren großes Interesse an einem Güterschnellverkehr der SNCF.

Neue Ideen sind gefragt

Auch wenn die SNCF mit der bisherigen Entwicklung der TGV sehr zufrieden ist, bleibt das Zukunftsdenken ein ständiger Begleiter. Wie werden die nächsten Generationen von Triebzügen aussehen? Was soll unternommen werden, um den Bahnkunden noch bessere Leistungen und Produkte anzubieten? Welche Kundenwünsche stehen im Vordergrund?

Neben der zweifellos notwendigen Erhöhung der Geschwindigkeit bis auf 360 km/h, besteht das Erfordernis, vor allem Geschäftsreisenden und Familien mit Kindern besondere Räume in den TGV gemäß den entsprechenden Bedürfnissen anzubieten. Gefragt ist auch ein besserer Service am Platz, unter anderem um die bisherigen Schlangen an der Bar zu vermeiden.

Zusätzliches »Low cost«-Reisen ist allerdings nicht geplant, zumal schon mit dem über das Internet buchbaren iD-TGV günstige Fahrpreise auf 11 Strecken nach Südfrankreich und in der Relation Paris–Strasbourg–Mulhouse angeboten werden.

Keine Wege und Mittel zur Verbesserung des Komforts und Service können so außergewöhnlich sein, dass es sich nicht lohnt, ihnen nachzugehen, meint die Direktion der SNCF. Die Zukunft des TGV hat bereits begonnen.

▲ Wie das Modell erahnen lässt, sollen die Mittelwagen eines Güter-TGV aus Doppelstockwagen nachgebaut werden.   Foto: Pascal Letzelter

▲ Ein besserer Kundenservice würde das Reisen mit dem TGV noch angenehmer gestalten. Der Am-Platz-Service, seit Jahren rückläufig, könnte eine echte Renaissance erleben.

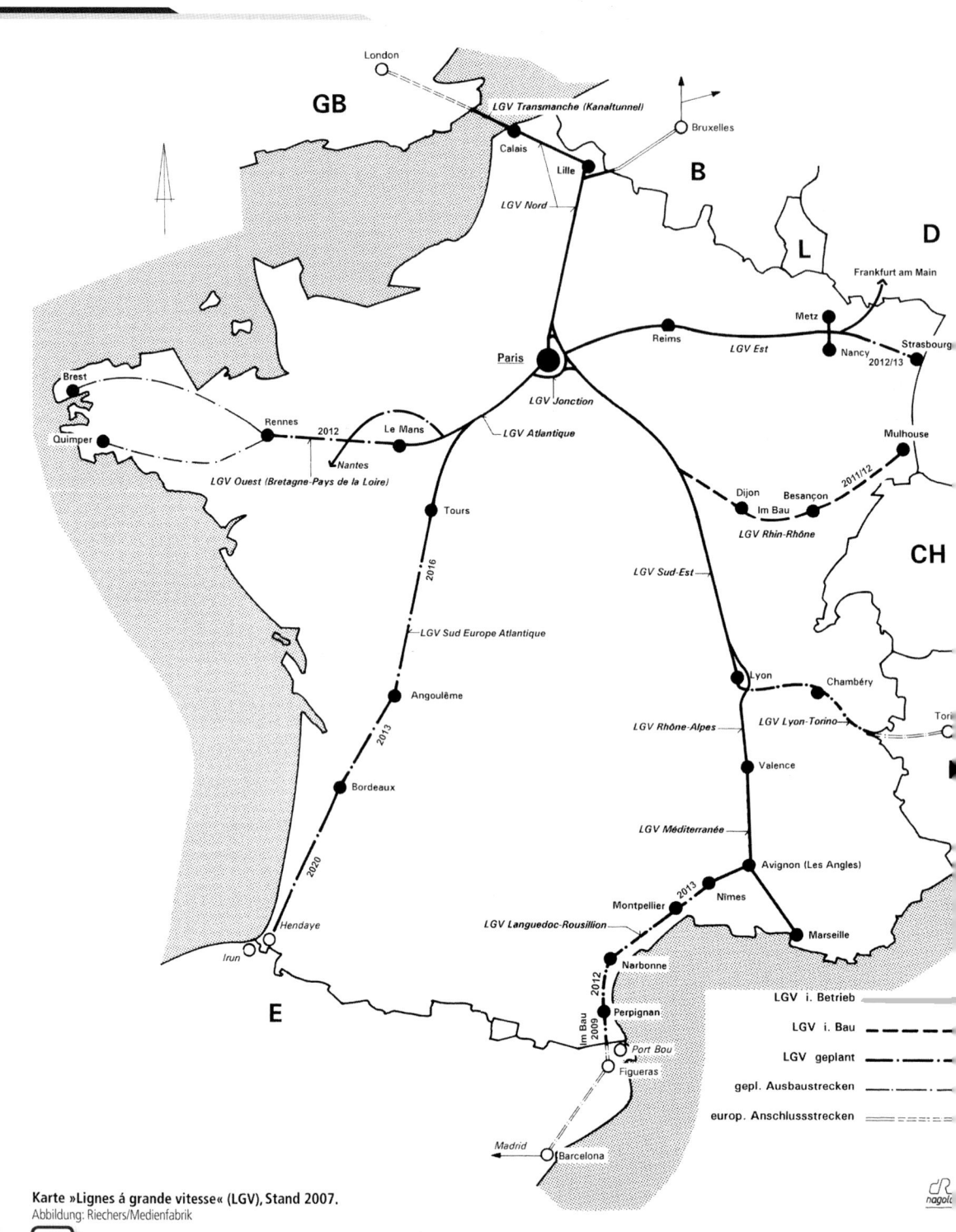

Karte »Lignes á grande vitesse« (LGV), Stand 2007.
Abbildung: Riechers/Medienfabrik

ZEITTAFEL

1968:	Studien zur ersten Neubaustrecke – als Projekt C 03 bezeichnet – werden aufgenommen.
1974:	Der Bau der ersten Neubaustrecke »Paris-Sud-Est« wird genehmigt
1981:	Am 26. Februar findet die Weltrekordfahrt mit 380 km/h auf der ersten Neubaustrecke »Paris-Sud-Est« statt.
1981:	Eröffnung des ersten Teils der Neubaustrecke Paris–Lyon, LGV »Paris-Sud-Est«, am 27. September.
1983:	Der zweite Teil der Neubaustrecke »Paris-Sud-Est« wird am am 25. Oktober eröffnet.
1984:	TGV-Züge fahren nach Lausanne.
1987:	Erste Verbindung zwischen Paris und Bern.
1990:	Weltrekordfahrt mit einem TGV »Atlantique« und einer Geschwindigkeit von 515,3 km/h am 18. Mai bei Vendôme.
1990:	Eröffnung der zweiten Neubaustrecke, der LGV »Atlantique«, am 28. September.
1993:	Eröffnung der dritten Neubaustrecke, LGV »Nord-Europe«, am 23 Mai.
1994:	Eröffnung der Verbindungsstrecke »Barreau d'interconnexion«, die den Bahnhof vom Flughafen Roissy »Charles de Gaulle« bedient.
1994:	Der Betrieb auf der LGV »Rhône-Alpes« beginnt am 3. Juli.
1994:	»Eurostar«-Züge fahren ab November durch den Kanaltunnel nach London.
1996:	Einführung des TGV »Duplex«, Züge mit Doppelstock-Mittelwagen.
1996:	Start der Verbindung zwischen Paris und Zürich mit der Verlängerung von Kursläufen Paris–Bern.
2001:	Eröffnung der LGV »Méditerranée«, Valence–Marseille/Nîmes, am 7. Juni.
2001:	Rekordfahrt Calais–Marseille (1067 km) ohne Halt in 3 Stunden und 29 Minuten am 26. Mai.
2003:	Am 23. November werden 1 Milliarde Reisende mit TGV-Zügen seit dem Start erreicht.
2006:	Beginn der Bauarbeiten für die Neubaustrecke »Rhin-Rhône«.
2007:	Am 3. April Rekordfahrt mit 574,8 km/h auf der LGV »Est-Européen«.
2007:	Feierliche Inbetriebnahme der Neubaustrecke LN 6, LGV »Est-Européen« am 9. Juni.
2007:	Die Neubaustrecke LN 6 »Est Européen« wird am 10. Juni in Betrieb genommen. Es fahren TGV »POS« (Paris–Stuttgart/München) und ICE 3 (Frankfurt am Main–Paris).

TGV »Atlantique«

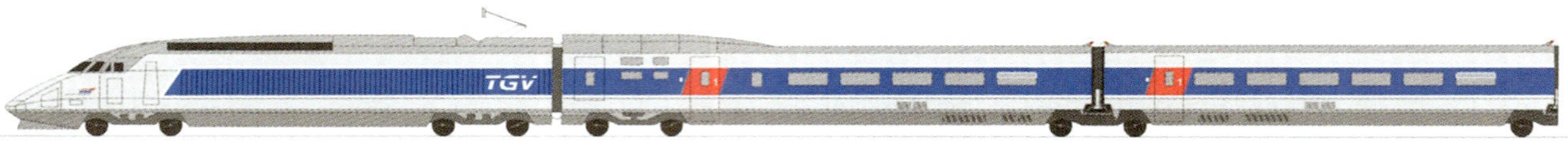

MOTRICE M 1

REMORQUE R 1 1re classe

REMORQUE R 2 1re classe

REMORQUE R 3 1re classe

REMORQUE R 4 BAR

REMORQUE R 5 2e classe

REMORQUE R 6 2e classe

REMORQUE R 7 2e classe

REMORQUE R 8 2e classe

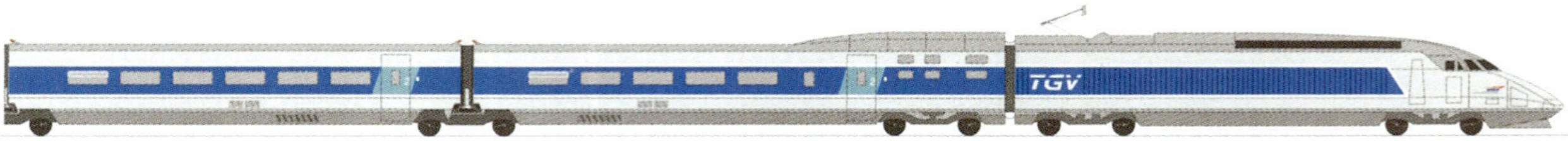

REMORQUE R 9 2e classe

REMORQUE R 10 2e classe

MOTRICE M 2

Motrice = Triebkopf
Remorque = Mittelwagen
Remorque-Bar = Mittelwagen mit Bar

Skizzen: Alstom

TGV »Réseau«

MOTRICE M 1

REMORQUE R 1 1re classe

REMORQUE R 2 1re classe

REMORQUE R 3 1re classe

REMORQUE R 4 BAR

REMORQUE R 5 2e classe

REMORQUE R 6 2e classe

REMORQUE R 7 2e classe

REMORQUE R 8 2e classe

MOTRICE M 2

Skizzen: Alstom

TGV »Thalys PBKA«

MOTRICE M 1

REMORQUE R 1 1ʳᵉ classe

REMORQUE R 2 1ʳᵉ classe

REMORQUE R 3 1ʳᵉ classe

REMORQUE R 4 BAR

REMORQUE R 5 2ᵉ classe

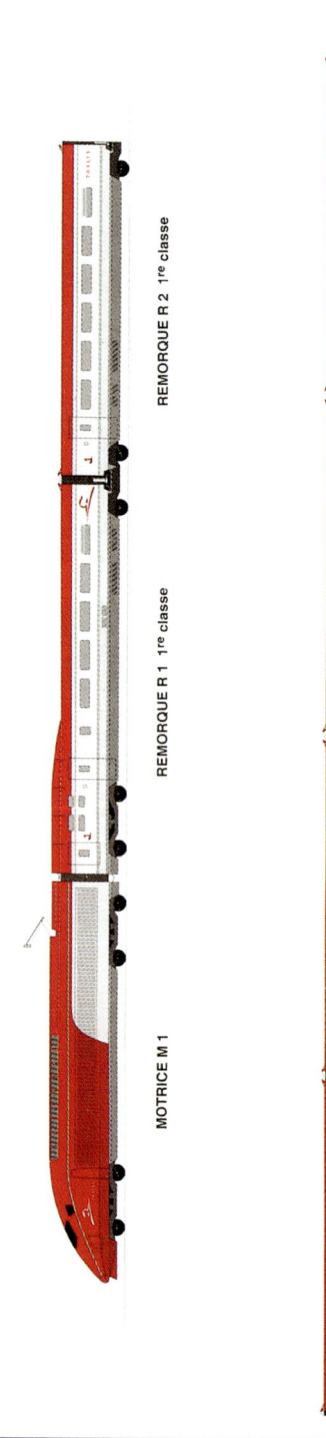

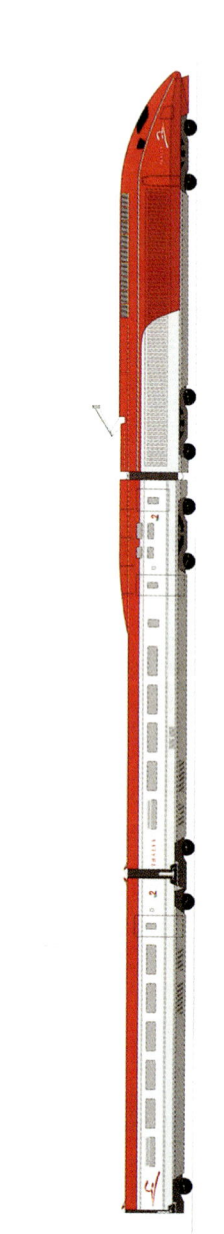

REMORQUE R 6 2ᵉ classe

REMORQUE R 7 2ᵉ classe

REMORQUE R 8 2ᵉ classe

MOTRICE M 2

Skizzen: Alstom

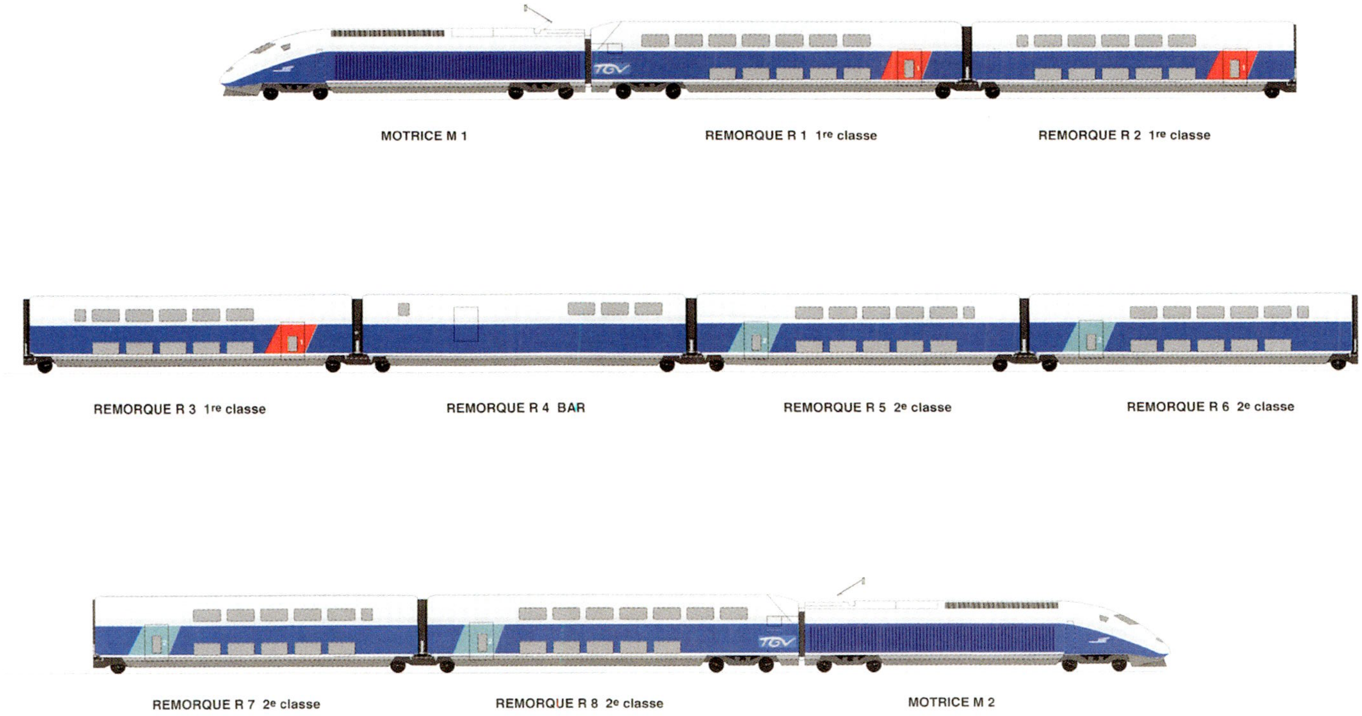

TGV »Duplex«

MOTRICE M 1

REMORQUE R 1 1re classe

REMORQUE R 2 1re classe

REMORQUE R 3 1re classe

REMORQUE R 4 BAR

REMORQUE R 5 2e classe

REMORQUE R 6 2e classe

REMORQUE R 7 2e classe

REMORQUE R 8 2e classe

MOTRICE M 2

Skizzen: Alstom

Rund um die Schiene

Dieter Eikhoff
Alles über den ICE
Was man über den InterCityExpress wissen will, hier steht's. Der Autor beschreibt alle Details, die den deutschen Bruder von Shinkansen und TGV auszeichnen.
128 Seiten, 100 Bilder, davon 92 in Farbe, 7 Zeichnungen
Bestell-Nr. 71277 € **14,95**

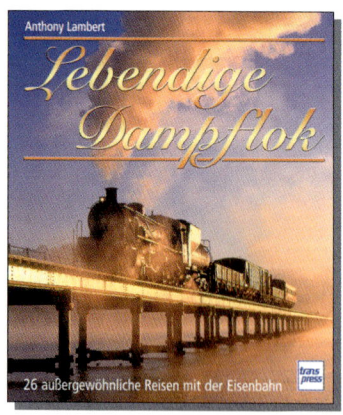

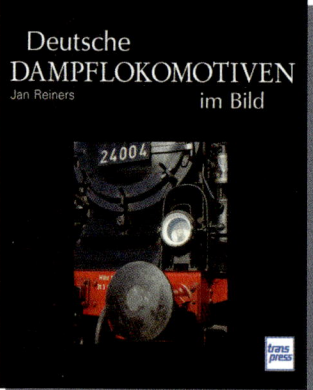

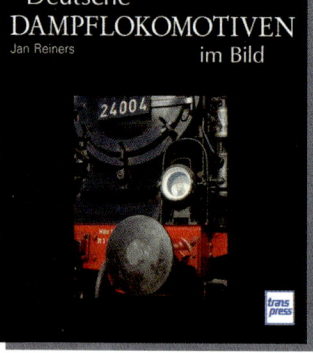

Jan Reiners
Deutsche Dampflokomotiven im Bild
Welche Leistung hat welche Baureihe, wann wurde sie in Dienst gestellt und auf welchen Strecken? Antworten finden sich hier.
144 Seiten, 124 Bilder, davon 50 in Farbe, 24 Zeichnungen
Bestell-Nr. 71292 € **19,95**

Erich Preuß
Berlin Hauptbahnhof
Der Bau des Berliner Hauptbahnhofes bis zum Sturmschaden des Winters 2007
176 Seiten, 174 Bilder, davon 162 in Farbe, 18 Zeichnungen
Bestell-Nr. 71318 € **29,90**

Jan Reiners
Deutsche Schmalspur-Dampfloks im Bild
Ihr Äußeres hat den Schmalspurloks eine große Fangemeinde beschert. In diesem Buch erfährt sie alles zu ihrer Leidenschaft.
128 Seiten, 111 Bilder, davon 99 in Farbe, 17 Zeichnungen
Bestell-Nr. 71316 € **19,95**

Anthony Lambert
Lebendige Dampflok
Dieser Prachtband enthält außergewöhnliche Reisen mit Dampfloks auf sechs Kontinenten: Strecken, Gesellschaften und Fahrzeuge.
160 Seiten, 130 Farbbilder, 26 Karten
Bestell-Nr. 71263 € **29,90**

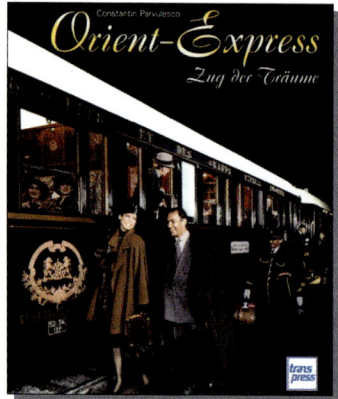

Constantin Parvulesco, **Orient-Express**
Über einen der legendärsten Züge aller Zeiten..
192 Seiten, 364 Bilder, davon 189 in Farbe
Bestell-Nr. 71305 € **29,90**

IHR VERLAG FÜR EISENBAHN-BÜCHER

Postfach 10 37 43 · 70032 Stuttgart
Tel. (07 11) 21 08 065 · Fax (07 11) 21 08 070
www.paul-pietsch-verlage.de

transpress